El Espíritu Activista

Hacia una Solidaridad Radical

Victor Narro

HARD BALL
PRESS

Publicado por Hard Ball Press.

Información disponible en: www.hardballpress.com

Datos de catalogación en la publicación de la Biblioteca del Congreso

Narro, Victor

El espíritu activista

1. Derechos laborales (PA) 2. Sindicato. 3. Derechos de los inmigrantes 4.Espiritualidad 5. Justicia social

DEDICACIÓN

A mi esposa activista laboral Laureen, con profundo agradecimiento por tu amor y sustento a lo largo de los años.

A todos los activistas que están en las trincheras cada día luchando por la justicia y un mañana mejor. Mi más sincera gratitud con solidaridad radical para todos ustedes.

Contenido

Introducción   1

Capítulo 1   11

Capítulo 2   19

Capítulo 3   27

Capítulo 4   37

Capítulo 5   47

Capítulo 6   55

Capítulo 7   65

Capítulo 8   69

Capítulo 9   73

Capítulo 10   89

Capítulo 11   99

Capítulo 12   105

Capítulo 13   111

Capítulo 14   117

Reflexiones finales   127

Epílogo   129

Acerca del Autor   131

Notas finales   133

Introducción

Traje este libro al mundo por mi amor a la humanidad y por mi amor hacia nuestras hermanas y hermanos que han dedicado sus vidas al trabajo de la justicia social y a hacer de este mundo un lugar mejor. Ya seas un activista laboral, activista por los derechos de los inmigrantes, activista de vivienda o educación, activista de justicia penal o activista ambiental, este libro es una expresión de mi profunda gratitud por tu compromiso y tu trabajo de vida.

Como activista por los derechos de los inmigrantes y los derechos laborales, con más de treinta y cinco años de experiencia en la lucha por la justicia, he aprendido que existe un núcleo espiritual en el activismo desde el cual podemos profundizar nuestra solidaridad, nuestra interconexión, nuestra creatividad, nuestra compasión y nuestro amor mutuo. Conectar con este núcleo espiritual para encontrar sustento y significado es tanto instrumental como necesario en la labor por la justicia. Porque la lucha por la justicia es, en sí misma, una forma de espiritualidad. Está llena de los valores que se atribuyen a la espiritualidad: amor, compasión, empatía por los necesitados y un compromiso de por vida para llevar justicia a sus vidas. Este libro es un llamado para que todos integremos ese núcleo espiritual en nuestro trabajo, con el fin de hacer la lucha por la justicia más compasiva, gratificante, solidaria y sostenible para todos. Ser un activista por la justicia es amar a la humanidad y a toda la creación.

Este libro está diseñado para ayudarte a leer, reflexionar e introspeccionar. Usando la Oración por la Paz de San Francisco de Asís, comparto mis reflexiones después de cada pasaje. Traeré mensajes de Francisco de Asís y lo que él nos estaría diciendo como activista por la paz. También integraré las enseñanzas y la sabiduría de otros activistas espirituales, tanto del pasado como del presente

Un momento de meditación con un poema o pasaje sigue a continuación, proporcionando un espacio para que escribas tus propios pensamientos y reflexiones. En ese sentido, este libro puede servir como tu herramienta espiritual. A través de este proceso de plasmar tus reflexiones en papel, cada libro será único para ti. Mediante este libro y tus meditaciones, puedes comenzar a formar un enfoque espiritual para tu vida como activista que será único para ti, pero que podrás compartir con otros si así lo decides. Para muchos activistas que ya están arraigados en su propia fe y espiritualidad, este libro puede ofrecer nuevas perspectivas para que exploren e integren en su vida diaria de activismo. Para los activistas que no profesan una creencia espiritual, fortalecerás tu convicción de que la gente trabajadora común puede organizarse y ejercer poder en este mundo secular, y crear una sociedad que cuide y valore la dignidad de todos – una sociedad que nutra y honre a todas las personas.

Que esta sea tu fe. Que ésta sea tu esperanza. Es un ideal basado en la fe, y necesita ser alimentado y mantenido, como cualquier espiritualidad o fe. Este viaje hacia el interior profundizará tu sensación de paz interior y mitigará los sentimientos de desesperación o impotencia durante los tiempos difíciles a los que nos enfrentamos hoy en el trabajo por la justicia. La solidaridad surge de la interconexión entre todos nosotros en el trabajo por la justicia social, que es una parte importante e indispensable de la vida de un activista. Del mismo modo que el trabajo por la justicia está siempre cambiando, también debemos abrazar la apertura y la aceptación de la transformación que se está produciendo en lo más profundo de nuestros corazones, porque esa es la fuente de esta solidaridad radical. Que este libro te guíe en tu camino y en tu trabajo por la justicia.

Una Breve Introducción a Francisco de Asís

Hace ochocientos años, durante la Edad Media, este humilde activista por la paz transformó su mundo y renovó la Iglesia Católica. Logró esto mediante actos simples pero revolucionarios, practicando su fe de una manera que nunca antes se había practicado. Francisco nació alrededor de 1181 en una familia adinerada, durante un período de increíble violencia y guerra. Francisco soñaba con ser caballero y luchó en batallas contra otras ciudades y pueblos.

Las ciudades-estado y los pueblos italianos de aquella época estaban llenos de violencia diaria a gran escala. Muchos historiadores creen que Francisco participó en la matanza y el asesinato de otros soldados durante las batallas. Durante la vida de Francisco, el otrora dominante sistema feudal se estaba desmoronando, y estas ciudades y pueblos estaban inmersos en conflictos constantes que llevaron a continuas confrontaciones militares.

Durante su juventud, Francisco desarrolló una reputación de indulgencia y espíritu juguetón que lo convirtió en un héroe y líder entre los jóvenes de su pueblo. Fue testigo de cómo su propia ciudad, Asís, se vio sacudida por una guerra civil y un conflicto prolongado con la cercana ciudad de Perugia. Cuando Francisco tenía 20 años, el conflicto con Perugia estalló en una guerra total. Inspirado por el patriotismo y un profundo orgullo, Francisco se alistó y se fue a la batalla. Fue capturado y encarcelado durante casi un año.

Dos años después, Francisco partió de nuevo a la guerra, esta vez como un joven caballero en un ejército papal destinado a las Cruzadas. En su camino hacia la batalla, Francisco tuvo una visión que lo debilitó y lo enfermó profundamente. Regresó a Asís, reacio a retomar su vida donde la había dejado. Enfermo durante casi un año, luchó con sueños y voces que le decían que reparara la Iglesia que había caído. Estos sueños y visiones lo llevaron a darle la espalda al próspero negocio de su padre y a las proezas militares de su juventud.

En cambio, Francisco eligió una vida radical de cuidado a los pobres a través de sus actos de amor y humildad, viviendo entre leprosos, los sin hogar y otros que la sociedad había abandonado. Francisco fue un revolucionario exigente y tenaz del espíritu humano que vivió su visión. Su vida (más que sus palabras) nos enseña lo que es vivir con alegría espiritual al servicio de los demás. Francisco vivió una espiritualidad de compasión arraigada en la humildad y la simplicidad. El camino de Francisco desde el principio fue el camino de la paz, el amor y el servicio. Francisco fue una persona extraordinaria cuya respuesta al mundo del siglo 13 da forma y motivación a nuestra respuesta al mundo del siglo 21.

Leonardo Boff, conocido teólogo brasileño y antiguo sacerdote franciscano, es uno de los fundadores de la Teología de la Liberación. Silenciado dos veces por el Vaticano, continúa su activismo teológico de liberación como sacerdote laico en comunidades pobres, ayudando a la gente a encontrar una visión que abarque la justicia social, la espiritualidad humana y, más recientemente, la ecología. En su famosa obra de 1982, Francisco de Asís: Un modelo para la liberación humana, Boff examina la conciencia ecológica de Francisco, su no violencia, su diálogo con otras religiones y su visión de una Iglesia centrada en los pobres.[1]

Como "modelo de gentileza y cuidado," Francisco ejemplifica para Boff cómo lo espiritual y lo social nunca están separados, sino que están íntimamente ligados. A lo largo del libro, profundiza en la riqueza de la vida de Francisco de Asís y encuentra allí un modelo de gentileza y cuidado, su asociación preferencial con los pobres, su liberación a través de la bondad y el servicio a los demás, su creación de una iglesia popular y pobre, y cómo enfrentó desafíos. Con Francisco de Asís, Boff afirma que "nos encontramos ante un genio cristiano de seductora humanidad y fascinante mansedumbre, que nos hace descubrir lo más verdadero de nuestra humanidad. Pertenece no sólo al cristianismo, sino a toda la humanidad".[2]

En nuestra labor por la justicia, estamos todos interconectados: nuestras vidas, nuestras comunidades, y las metas que buscamos alcanzar. Así como Francisco tenía la capacidad de empatizar profundamente con el corazón de una persona y compartir tanto su alegría como su tristeza, nosotros también debemos conectar desde el corazón y permitir que esa conexión sea la fuerza que nos impulse a luchar, planificar y triunfar juntos. Esto es verdadera solidaridad en acción. Es la misma fuerza espiritual de amor y compassion incondicional que Francisco tenía por toda la humanidad y por la creación entera.

La oración por la paz de San Francisco de Asís a través de los ojos de un activista por la justicia social

Señor, haz de mí un instrumento de tu Paz.
Donde haya odio déjame sembrar la paz;
donde hay injuria déjame sembrar perdón;
donde haya duda déjame sembrar fe;
donde hay desesperación déjame dar
esperanza;
donde haya tinieblas que yo dé luz;
donde hay tristeza déjame dar alegría.

Oh Señor,
concédeme que no trate de ser consolado
sino de consolar,
no intentar ser comprendido sino
comprender;
no tratar de ser amado sino de amar.
Porque dando es como recibimos,
es perdonando como somos perdonados,
y es muriendo como nacemos a la vida
eterna.

El trabajo por la justicia social es una llamada. Atendemos esa llamada conveirtiéndos en instrumentos de pacificación y en el servicio a los demás. "Señor, Hazme un Instrumento de Tu Paz," comúnmente conocida como "La Oración por la Paz," nos convoca a esa llamada. Es la oración más reconocida atribuida a San Francisco. Jon M. Sweeney, conocido erudito de San Francisco de Asís y autor de muchos libros, ofrece un excelente relato histórico de esta oración en su nuevo libro, *Lord, Make Me an Instrument of Your Peace: The Complete Prayer of St. Francis, St. Clare and other Early Franciscans.*[3]

La Oración por la Paz no fue escrita por San Francisco ni derivada de sus enseñanzas. El autor es anónimo y la oración tiene algo más de un siglo de antigüedad, remontándose a 1912 en Francia. Apareció por primera vez en una revista francófona llamada *La Clochette (La campana de* la litera). Un periódico del Vaticano publicó una traducción en italiano cuatro años después. Poco después, apareció en casi todos los idiomas. A pesar de todas las dudas sobre los orígenes de la oración, es fácil ver por qué las palabras fueron atribuidas a Francisco. La influencia duradera de esta oración se debe, sobre todo, a cómo refleja estrechamente el verdadero espíritu de Francisco de Asís.[4]

Esta oración especial se ha convertido en una fuente de meditación y reflexión para muchas personas implicadas en la prácticas consciente y espirituales. En los círculos de justicia social, siempre que menciono mi creencia en los ejemplos y enseñanzas de Francisco, muchos responden con *La Oración por la Paz* y cómo han adoptado sus versos y los han integrado en su trabajo.

Al igual que Francisco de Asís, esta oración

tiene un significado universal para todos, independientemente de las creencias religiosas o de fe. Uno de sus encantos puede ser que, como activistas por la justicia social, somos instrumentos de justicia del mismo modo que Francisco pudo verse a sí mismo como instrumento de la paz de Dios. Esta oración es una llamada a llevar la paz y la justicia al mundo que nos rodea. En las páginas que siguen, utilizaré *la Oración por la Paz* como un marco para compartir cómo la espiritualidad y el trabajo por la justicia pueden caminar juntos mano a mano.

¡Sí, Se Puede!
IMMIGRANTS WELCOME HERE
Workers United
JUSTICE FOR ALL
Solidarity

Capítulo 1

Señor, haz de mí un instrumento de tu Paz.

El trabajo por la justicia social es una vocación. Se trata de encontrar la bondad en uno mismo y en los demás mientras avanzamos juntos hacia una sociedad que haga realidad un bien superior: la justicia, la paz y la igualdad para todos. Nos esforzamos por encontrar la paz en nosotros mismos que conecta con la paz en los demás, lo cual luego trae paz a nuestra comunidad. Esta es nuestra interconexión. El trabajo por la paz puede traer sanación y alegría a nosotros mismos y a los demás. Aquellos que trabajan por la justicia lo hacen su devoción de por vida. Esto es lo que nos hace especiales como activistas por la justicia social.

César Chávez asumió una lucha que nadie creía que podría tener éxito. Arraigado en la tradición religiosa que había recibido de su familia mexicana, iluminado por la doctrina social de la Iglesia Católica, inspirado por las enseñanzas de Gandhi, San Francisco y Martin Luther King, Jr., y empoderado con las mejores prácticas de organización comunitaria, él le dio una voz espiritual al trabajo por la justicia. Al igual que Francisco de Asís, César se esforzaba diariamente por vivir de acuerdo con las enseñanzas del Evangelio, además de las de Gandhi y Martin Luther King, Jr. De manera similar a Francisco de Asís, la espiritualidad de Chávez no era una forma de escapar de las luchas de la vida, sino una inserción más profunda en las luchas humanas entre los agricultores y el amor ilimitado que él sentía por los trabajadores del campo en su lucha por la justicia.[5]

Antes de que César Chávez se convirtiera en organizador comunitario, y más de una década antes de que se fundara la Unión de Campesinos, conoció al padre Donald McDonnell, quien llegó al empobrecido barrio de East San Jose donde Chávez vivía. El barrio era conocido como Sal Si Puedes. Debido a que no había una iglesia católica allí, ni un sacerdote, y había cientos de familias mexicano-estadounidenses, el padre Donald sintió un llamado a servir en esa área.

César, un devoto católico, conoció al padre Donald en la iglesia local. El padre Donald había estado trabajando con mexicano-estadounidenses y trabajadores migrantes. Reconoció ciertas cualidades de liderazgo en César y lo tomó bajo su mentoría. Como franciscano, el padre Donald introdujo a Chávez en las enseñanzas de justicia social de la Iglesia católica y en las obras sobre espiritualidad y derechos humanos, incluidos los escritos de San Francisco de Asís y Gandhi. Le inculcó la historia de la vida de San Francisco, en especial la actitud de Francisco de sacrificarse por los demás.

Influido por las enseñanzas y el activismo de Francisco, César llegaría a sacrificar su propia vida para mejorar las condiciones de los trabajadores agrícolas. A medida que se fue formando en las enseñanzas del padre Donald, la espiritualidad de César, basada en la no violencia, ayudar a los necesitados, sacrificarse por los demás, el respeto por los demás y por uno mismo, se profundizó.[6]

El trabajo por la justicia no es una llamada a unos pocos organizadores selectos; tampoco se trata de construir un legado. La creación de paz y el trabajo por la justicia son opciones que tomamos en nuestra vida diaria. Puedes hacerlo como artista, poeta, profesor, abogado, artesano, médico, investigador o líder de una comunidad local. El trabajo por la justicia empieza dentro de ti, porque, como dijo una vez Francisco de Asís: "Al proclamar la paz [y la justicia] con tus palabras, asegúrate de que en tu corazón haya una paz aún más grande. Que nadie se sienta provocado a la ira o al escándalo por tu causa, sino que todos sean atraídos hacia la paz, la bondad y la armonía a través de tu gentileza."[7]

Primero debes tener paz en tu interior antes de poder llevar la paz a la vida de los demás. Una vez que tengas paz en tu interior, podrás llevar paz y justicia a tu familia, compañeros y amigos. Tu paz se extenderá entonces a tu comunidad y al mundo. Alcanzar este nivel de autoconciencia requiere un compromiso de práctica diaria, reflexión y paciencia.

Mantener la paz en nuestro corazón es un reto porque estamos consumidos por los medios de comunicación y las llamadas a la acción para abordar todas las injusticias y ataques a nuestras comunidades. Estamos siempre con el piloto automático puesto que nos dirigimos hacia la parte ruidosa de nuestro cerebro, donde los pensamientos habituales son negativos y pesimistas. Mantener la paz interior se convierte en un gran reto debido a este consumo incesante de sobrecarga negativa, y a nuestra necesidad de responder y actuar de inmediato, sin ni siquiera un momento para hacer una pausa y reflexionar.

Sin embargo, hay una forma de cultivar esta paz interior. La práctica diaria de las pequeñas cosas que nos permiten actuar con compasión y sentido de propósito nos ayuda a centrarnos. Nos permite hacer una pausa y calmar nuestra mente ruidosa, o al menos sacarla del piloto automático y llenarla de amabilidad. De esta manera, creamos conciencia en el momento presente. Así podemos acceder a esa paz interior que llevamos dentro. Nos convertimos en mejores defensores de la paz y la justicia.

El término *liderazgo* se utiliza de tantas maneras diferentes que no tenemos un único significado aceptado para el término. A menudo nos dejamos llevar por la retórica efectiva en los medios de comunicación, en grandes manifestaciones, en importantes conferencias, etc. Después de treinta y cinco años trabajando por la justicia, todavía me pregunto: "¿Qué hace a un buen líder?"

César Chávez adoptó el modelo de liderazgo servicial de Francisco. Esta forma de liderazgo enfatiza la importancia del papel que desempeña un líder como administrador de los recursos que un grupo o comunidad reúne. El liderazgo servicial abraza la compasión y la humildad como principios fundamentales. Se centra en elevar a los miembros de la comunidad como el núcleo del desarrollo del liderazgo.

El mensaje que Francisco enseñaba era el que vivía. No había desconexión entre sus palabras y sus hechos, entre sus declaraciones públicas y su vida privada. Ser testigo de su fe en acción ayudaba a la gente a creer.

Francisco convirtió a muchos en creyentes a través de sus actos. Para Francisco, la medida de un buen sermón no se basaba en la retórica. Para él, no había mejor sermón que "la práctica de las virtudes."

Francisco dijo una vez: "No tiene sentido caminar a algún lugar para predicar si tu caminar no es tu predicación." Para Francisco, recorrer grandes distancias de un pueblo a otro para predicar las enseñanzas del Evangelio era inútil a menos que predicaras en cada paso del camino a través de tus actos. En cada pueblo, a cada persona, Francisco predicaba y caminaba en paz. No lo hacía con gran elocuencia o con razonamientos humanos exaltados, sino con profunda pasión. Predicaba con valentía, sin halagar a nadie ni hacer promesas. No confiaba en sus palabras, sino en el ejemplo de su vida en acción.

Dejaba que sus acciones hablaran por él.

Momento de meditación

Despejar
por Martha Postlethwaite[8]

No intente salvar
el mundo entero
ni hacer nada grandioso.
En su lugar, crea
un claro
en el denso bosque
de tu vida
y esperar allí
pacientemente,
hasta que la canción
que es tu vida
caiga en tus manos ahuecadas
y la reconozcas y la saludes.
Solo entonces sabrás
cómo entregarte
a este mundo
tan digno de ser rescatado.

Tus Reflexiones Sobre el Capítulo 1:

Capítulo 2

Donde haya odio déjame sembrar la paz.

El odio y la ira son emociones fuertes que a menudo tienden a abrumarnos y dominarnos en la lucha por la justicia. El odio y la ira pueden consumir y destruir nuestra salud mental, emocional y física. Pueden llevarnos a cometer actos injustos y dañinos. Como activistas, debemos aprender a reconocer y aceptar estos sentimientos de odio e ira, y no tratar de enterrarlos. En cambio, podemos usar nuestra alegría y compasión para transformarlos. Esta es la respuesta no violenta para transformar la ira y el odio.

Estas emociones turbulentas diarias pueden ser dominantes en la lucha por la justicia. Cada vez que tengo un momento de ira, a veces con un poco de odio asomándose, hago una pausa e imagino mi ira como un hermoso bebé que necesita ser cuidado. Envuelvo a este bebé en mi manta de alegría y compasión, y lo sostengo suavemente en mis brazos cerca de mi corazón. Esta visualización me ayuda a aceptar mi ira y tratarla con amabilidad, compasión y comprensión.

El encuentro histórico entre Francisco de Asís y el sultán de Egipto, Malik al-Kamil, ilustra maravillosamente este concepto. Es la historia de encontrarse y abrazar a un extraño o a un enemigo percibido y decir que hay un camino mejor que el resentimiento, la sospecha y la guerra. La historia de este encuentro histórico, que resurgió durante el siglo 20, proporciona una poderosa parábola para hoy, y debemos revitalizar su significado para dejar que nos guíe.[9]

En la agitación política del siglo 13 en el "Sacro Imperio Romano," la gente estaba atrapada en una cultura de guerra mientras el imperio se unía en una serie de Cruzadas contra musulmanes, judíos y otros etiquetados como "herejes." El retrato occidental del sultán al-Kamil estaba distorsionado por la propaganda cruzada y la falta de conocimiento básico sobre la sociedad y la fe musulmana por parte de los escritores cristianos. Sin embargo, en Egipto, el sultán era conocido por su tolerancia hacia la minoría cristiana. Era un hombre culto que amaba la conversación erudita con los académicos de su corte. El sultán al-Kamil estaba arraigado en la creencia espiritual de la paz y la compasión. Sus creencias eventualmente lo llevaron a negociar una paz con los cruzados cediendo Jerusalén a los cristianos en un intento de salvar las vidas de las personas en la ciudad.

La historia del encuentro entre Francisco y el sultán al-Kamil abrió una puerta al respeto, la confianza y la paz. Francisco siguió su profética resistencia no violenta ante la violencia de las Cruzadas al emprender un viaje para reunirse con el sultán al-Kamil y llevarle su mensaje de paz. Emprendió peligrosos viajes en tres ocasiones, pero fuertes tormentas le impidieron cruzar con éxito el mar Mediterráneo para llegar a Egipto.

Su momento finalmente llegó durante el verano de 1219, en medio de una Cruzada que estaba matando a miles de personas bajo el calor sofocante en las orillas del Nilo. Los líderes del ejército cristiano advirtieron a Francisco que no cruzara el sangriento campo de batalla entre los dos ejércitos para buscar al sultán. Francisco no aceptó el llamado a la guerra del Papa. En cambio, continuó con su objetivo de reunirse con el sultán al-Kamil y abrazar a los musulmanes, sabiendo muy bien el riesgo que implicaba su empresa.

Cruzando el traicionero campo de batalla, Francisco y su compañero de viaje, el fraile Illuminato, llegaron a las afueras del campamento musulmán. Los soldados musulmanes los capturaron y llevaron a estos dos monjes descalzos, vestidos con túnicas marrones desgastadas y remendadas, ante el sultán al-Kamil. Nadie sabe con certeza lo que se dijo, ya que Francisco no hablaba árabe y el sultán al-Kamil no hablaba el dialecto franco-italiano que usaba Francisco. Fue su manera de estar juntos, la actitud de respeto y comprensión mutuos, así como su creencia en un solo Dios, la oración, la caridad y la paz lo que atrajo a ambos hombres.

El sultán al-Kamil tenía a su círculo de hombres santos sufíes con él para ayudarle con la traducción. Cuando Francisco dejó en claro que no estaba allí en nombre del ejército del Papa, sino como embajador de su Dios, esto intrigó aún más al sultán. Al ver el entusiasmo y el valor de Francisco, el sultán lo escuchó con gusto e insistió en que se quedara con él. Pasaron cuatro días juntos en mutuo respeto y comprensión.[10]

El deseo de Francisco de compartir su espiritualidad y su mensaje de paz con el sultán, sin insultar al Islam ni refutar a Mahoma, fue único y desarmante. Durante ese breve momento de la historia en que

Francisco y el sultán al-Kamil estuvieron juntos, su diálogo se convirtió en un abrazo mutuo como seres humanos impulsados por su creencia religiosa en un bien superior. Según muchos relatos, ambos compartieron una comida. La imagen de Francisco partiendo pacíficamente el pan en un banquete con el sultán al-Kamil demuestra el aprecio que se tenían mutuamente y el respeto por sus diferencias.

Francisco fue transformado por la experiencia y quedó profundamente impresionado con la espiritualidad islámica. Su anhelo de paz con el Islam es especialmente evidente en su sugerencia de que sus hermanos y hermanas vivan tranquilamente entre los musulmanes y "sean súbditos" de ellos en lugar de involucrarse en disputas, una disposición que aparece en una versión temprana del código de conducta para su orden, su Regla. Cuando Francisco estuvo listo para partir y regresar a Italia, el sultán al-Kamil lo colmó de muchos regalos y tesoros. Como no tenía interés en la riqueza mundana, Francisco los rechazó todos, excepto un regalo especial: un cuerno de marfil utilizado por el muecín para llamar a los fieles a la oración. Francisco lo usó para convocar a la gente a la oración o para predicar.

Francisco y el sultán al-Kamil nos enseñan hoy sobre la compasión y la comprensión en cómo nos aceptamos mutuamente y abrazamos nuestras diferencias. Cuando las creencias políticas, las instituciones gubernamentales y las diferencias culturales nos dividen, debemos buscar la solidaridad con nuestras hermanas y hermanos, siempre conscientes de que buscamos la eventual unidad de todas las personas.

Mientras nos oponemos a los sistemas de opresión y a las culturas que los apoyan, no sentimos odio hacia los seguidores inconscientes de esa cultura. Más bien, los invitamos y exhortamos a abandonar su vida de crueldad y arrogancia y a abrazar una vida de tolerancia e igualdad.

Francisco y el sultán al-Kamil practicaron la escucha activa con el corazón, lo que les permitió hablar desde la compasión y el discurso amoroso, y no desde la ira, la frustración o el miedo. Escuchar de verdad, y oír sin juzgar, es un regalo que podemos darnos mutuamente para mejorar nuestras vidas. Francisco y el sultán al-Kamil nos enseñan que cuando realmente somos escuchados y el otro comprende nuestro significado y emociones, nos sentimos valorados y respetados. No hay regalo más precioso que dar o recibir que escuchar las palabras de otro. Este proceso de escucha activa y discurso amoroso nos permite ser conscientes y respetar la dignidad que habita en cada uno de nosotros.

Si no se controlan, los sentimientos de ira y odio generan una respuesta violenta. Se convierten en un estímulo fuerte, y nuestra reacción es luchar y responder de la misma manera, o evitar la situación, permitiendo que nos consuma y la empeore. En 2005, la Fundación Nacional de Ciencias publicó un artículo sobre una investigación acerca de los pensamientos humanos por día. La persona promedio tiene entre 12,000 y 60,000 pensamientos al día. De esos, el 80% son negativos y el 95% son exactamente los mismos pensamientos repetitivos del día anterior.[11]

Me recuerda al conocido psicólogo y superviviente del holocausto Viktor Frankl cuando dijo: "Entre un estímulo y una respuesta hay un espacio. Es en ese espacio donde encuentras tu crecimiento y desarrollo".

Nuestras mentes a menudo están en piloto automático, consumidas por todos estos pensamientos negativos que van y vienen. Al mismo tiempo, la persona promedio respira alrededor de 17,000 veces al día. Respirar es medicina para la vida. La relación entre la respiración y la espiritualidad es antigua. La respiración puede convertirse en nuestro antídoto contra los sentimientos de ira y odio. Crear un enfoque y una conciencia de nuestra respiración puede ayudarnos a hacer una pausa, a calmar nuestra mente ruidosa llena de tantos pensamientos, y a abrazar nuestra ira con amabilidad hacia nosotros mismos. Entonces, podemos mirarla desde una perspectiva sin juicios. El resultado será una respuesta basada en la comprensión y la compasión.

Momento de meditación

La Casa de Huéspedes
por Jelaluddin Rumi[12]

El ser humano es una casa de huéspedes
Cada día una nueva visita, una alegría, una
tristeza,
una decepción, una mezquindad,
Cierta conciencia momentánea
llega como un visitante inesperado.
¡Dales la bienvenida y acógelos a todos!
incluso si son una multitud de lamentos,
que desvalija violentamente tu casa.
Aún así, trata a cada huésped honorablemente
pues
puede estar creándote espacio
para un nuevo deleite.
Al pensamiento oscuro, a la vergüenza, a la
malicia
recíbelos en tu puerta con una sonrisa
e invítalos a entrar.
Sé agradecido con quien quiera que venga
porque cada uno ha sido enviado
como una guía del más allá.

Tus Reflexiones Sobre el Capítulo 2:

Capítulo 3

Donde haya injuria déjame sembrar perdón.

Francisco de Asís ejemplificó mejor el viaje de toda la vida hacia un estado de amor incondicional y perdón incondicional. Este es un estado del ser que la mayoría, si no todos nosotros, seremos incapaces de alcanzar en nuestra vida. El aprendizaje importante aquí es mantener estos dos atributos como metas a las que aspiramos en nuestro trabajo por la justicia. Estos dos principios son el núcleo fundamental de la espiritualidad de la no violencia. Son lo que hizo de Francisco un auténtico activista no violento por el cambio en la sociedad y dentro de la Iglesia Católica hace 800 años.

El acto de perdonar es muy difícil para muchos de nosotros. Es especialmente difícil para aquellos que crecieron en los Estados Unidos, donde el individualismo y la autocrítica severa y destructiva se perciben como valores fundamentales necesarios para una vida exitosa y rentable. Estas formas de autocrítica están basadas en la vergüenza y la culpa. Sin embargo, un corazón que perdona es un valor necesario que los activistas deben practicar cada día si queremos lograr un cambio significativo en el trabajo por la justicia.

Cuando perdonas a alguien, no estás olvidando ni excusando el acto que te causó a ti o a otro daño o injusticia. No estás perdonando ni condonando el acto. Perdonar es un acto de valentía. Decides no seguir guardando ira o amargura hacia esa persona. Es una liberación emocional y un acto de liberación, porque ya no estás atado por la ira que esa persona te hizo sentir. La ira y la amargura hacia una persona pueden llevar al odio personal, lo cual puede destruir tu mente, cuerpo y espíritu.

Perdonar a alguien tampoco significa que debas relacionarte con esa persona. A menudo, puede no ser prudente hacerlo. Simplemente significa que ya no mantienes a esa persona en tus pensamientos negativos llenos de ira y amargura. Es tu momento de sanación para traer justicia a ti mismo. Un corazón que perdona es una parte importante del trabajo por la justicia.

Francisco tenía una relación muy complicada con su acaudalado padre, Pietro di Bernardone, un comerciante de telas que hizo una fortuna en la economía mercantil durante la Edad Media. Pietro se negó a aceptar la vocación de Francisco a una vida de pacificación y pobreza a través de las enseñanzas del Evangelio. Iba en busca de su hijo, decidido a devolverlo a su vida anterior. Cuando su padre supo que Francisco era el centro y objetivo de la conmoción en las calles, inmediatamente fue a buscarlo, no para rescatarlo, sino para destruirlo. Era como un lobo persiguiendo a una oveja. Cuando Pietro encontró a Francisco, lo arrastró a casa con vergüenza y deshonra. Lo mantuvo encerrado en una habitación durante días, decidido a recuperar al hijo mundano y astuto que había conocido y entendido. Al principio, usó palabras, luego vinieron los golpes físicos y finalmente las cadenas. Pero en lugar de ser quebrantado, Francisco se fortaleció y se convenció aún más de su nuevo propósito en la vida.[13]

Un día, Francisco se encontró con San Damián, una pequeña capilla en la llanura debajo de Asís. Entró en la capilla, tal vez para buscar consuelo en un día caluroso, o tal vez para orar. El crucifijo de tamaño natural, de estilo bizantino y ornamentado, sobre el altar parecía hablarle: "Francisco, ve y repara mi casa, que ha caído en ruinas." Francisco pensó que Dios se refería a la pequeña iglesia en la que estaba orando. Siempre un hombre de acción, actuó de inmediato según la orden de Dios.

Después de su epifanía en la iglesia de San Damián, Francisco experimentó otro momento decisivo en su vida. Para recaudar dinero para reconstruir esta pequeña iglesia, vendió una pila de ropa de la tienda de su padre, junto con su caballo. Su padre se enfureció al enterarse de las acciones de su hijo y, posteriormente, arrastró a Francisco ante el magistrado local y el obispo, acusándolo de robo.

El obispo le dijo a Francisco que devolviera el dinero de su padre, y su reacción fue extraordinaria: se despojó de su ropa y, junto con ella, devolvió el dinero a su padre. Este fue el gran momento de Francisco, cuando decidió de una vez por todas abandonar sus lazos mundanos y abrazar en su lugar el llamado de Dios. Este evento es considerado como la conversión final de Francisco, y no hay indicios de que él y su padre volvieran a hablar. Aunque Francisco y Pietro nunca se involucraron en un proceso de reconciliación, Francisco nunca hizo declaraciones que indicaran que guardaba amargura o ira hacia su padre.

Felicia Sanders sobrevivió al ataque de Dylann

Roof el 17 de junio de 2015, que mató a nueve feligreses negros que se habían reunido en la iglesia de Charleston, Carolina del Sur, para un estudio bíblico. Ella estaba allí cuando su hijo, Tywanza Sanders, fue asesinado a tiros. Durante una emotiva audiencia de sentencia, Sanders le dijo a Roof: "Te perdono." Luego continuó diciendo: "Eso fue lo más fácil que tuve que hacer. Pero no se puede ayudar a alguien que no quiere ayudarse a sí mismo. Que Dios tenga misericordia de tu alma." Felicia Sanders representa cómo transformar la ira en compasión durante el proceso de perdón.[14]

En *El libro de la alegría: Felicidad duradera en un mundo cambiante*, Su Santidad el Dalai Lama y el arzobispo Desmond Tutu nos enseñan por qué necesitamos la alegría en tiempos de lucha y adversidad. La ocasión para su libro fue el 80º cumpleaños del Dalai Lama. Este evento inspiró a estos dos amigos cercanos a reunirse en Dharamsala durante una semana completa para hablar sobre algo importante para ellos. El tema era la alegría. Tanto el Dalai Lama como el arzobispo Tutu han sido probados por grandes adversidades personales y nacionales, y compartieron sus historias personales de lucha y renovación. Ahora que ambos están en sus ochenta años, querían especialmente difundir el mensaje central de que para tener alegría uno mismo, es necesario traer alegría a los demás.[15]

"La alegría es, en realidad, la recompensa de buscar dar alegría a los demás. Cuando muestras compasión, cuando muestras cuidado, cuando muestras amor a los demás, haces cosas por los demás, de una manera maravillosa obtienes una alegría profunda que no puedes conseguir de ninguna otra forma."[16]

Durante su semana juntos, el Dalai Lama y el arzobispo Tutu mantuvieron un diálogo sobre el perdón como una forma de liberarnos del pasado. Como dijo el arzobispo, "Nadie es incapaz de perdonar y nadie es imperdonable." Durante esta conversación, el Dalai Lama añadió: "Perdonar no significa olvidar. Debes recordar las cosas negativas, pero como existe la posibilidad de desarrollar odio, no debemos permitir que nos lleven en esa dirección; elegimos el perdón."

El arzobispo también fue claro al hablar sobre el perdón. Para él, perdonar no significa olvidar lo que alguien ha hecho, contrario al dicho "perdona y olvida." No reaccionar con negatividad o ceder a las emociones negativas no significa que no respondas a los actos o que te permitas ser dañado nuevamente.

Perdonar no significa que no busques justicia o que el perpetrador no sea castigado. A esto, el Dalai Lama añadió que el poder del perdón radica en no perder de vista la humanidad de la persona mientras respondes al mal con claridad y firmeza. A lo cual el arzobispo agregó: "El perdón es la única manera de sanarnos a nosotros mismos y liberarnos del pasado."[17]

Como dice Jack Kornfield, "El perdón es renunciar a toda esperanza de un pasado mejor." El pasado ya está hecho, no ayuda volver a él una y otra vez, deseando que un evento hubiera sido diferente. En ese sentido, el perdón realmente no se trata del comportamiento dañino de alguien; se trata de nuestra propia relación con nuestro pasado. Cuando comenzamos el trabajo del perdón, es principalmente una práctica para nosotros mismos.[18]

¿Significa esto que no deberíamos sentir ira por todas las atrocidades cometidas por un gobierno y condonadas por las normas culturales, como las que ocurrieron durante la administración de Trump? Absolutamente no. Sentir ira es normal para muchos de nosotros que trabajamos por la justicia. Lo que importa más es cómo canalizamos esos sentimientos de ira. Con la perspectiva y conciencia adecuadas, podemos transformar los sentimientos de ira personal hacia alguien como Trump en lo que el arzobispo Tutu se refiere como "ira justa." Durante sus décadas en la lucha contra el gobierno del apartheid en Sudáfrica, él fue capaz de transformar la ira personal en ira justa contra los actos de injusticia.[19]

La ira justa es un ingrediente importante de la alegría en el trabajo por la justicia. A lo largo del país, muchos activistas—jóvenes y mayores—se están uniendo para entablar un diálogo y desarrollar estrategias colectivas para crear un movimiento sostenible y luchar a largo plazo.

A través de sus enseñanzas, Francisco de Asís nos recuerda sobre el espíritu de no perdonar: bloquea el flujo de gracia y misericordia en nuestras vidas, haciéndonos vivir en un estado estancado de arrepentimientos, animosidades y rencores. Perdonar simplemente significa liberar a quienes te han ofendido de tu propia hostilidad e ira. Es la libertad de ya no albergar angustia o amargura dentro de ti. No cambia el acto que te causó daño o dolor, ni te impide denunciar la injusticia. El perdón crea espacio en tu corazón para el amor y la misericordia, que son necesarios para traer paz al mundo.

Momento de meditación

Oración Antes de la Oración
por Desmond Tutu y Mpho Tutu[20]

Deseo estar dispuesto a perdonar
Pero no me atrevo a pedir la voluntad para hacerlo
En caso de que me lo dieras
Y aún no estoy listo
Aún no estoy listo para que se suavice mi corazón
Aún no estoy lista para ser de nuevo vulnerable
Todavía no estoy listo para ver que hay humanidad en los ojos de mi verdugo
O que quien me hiere pudo también haber llorado
No estoy lista todavía para el viaje
Todavía no me llama la atención el camino
Estoy en la oración que va antes de la oración del perdón
Concédeme la voluntad de querer perdonar
Concédemela, todavía no, pero pronto
¿Pudiera acaso formar la palabra
Perdóname?
¿Me atrevo acaso a mirar siquiera
A ver el sufrimiento que he causado?:
Percibo las piezas rotas de eso tan frágil
Esa alma intentando elevarse sobre las alas rotas de la esperanza
Pero sólo con el rabillo de mi ojo

Le tengo miedo
Y tengo miedo de ver
¿Cómo no tendría miedo de decir
Perdóname?
¿Hay algún lugar dónde nos podamos
encontrar?
Tú y yo
Un lugar en la mitad
Donde combinemos las líneas
Donde tú tienes la razón
Y yo también la tengo
Y ambos estamos mal y equivocados
¿Nos podemos encontrar ahí?
Y buscar el sitio donde comienza el camino
El camino que termina donde perdonamos.

Tus Reflexiones Sobre el Capítulo 3:

Capítulo 4

Donde haya duda, déjame sembrar fe.

El Hermano David Stendil-Rast es un monje benedictino que ha sido un líder espiritual interreligioso mundial durante más de 60 años. El Hermano David fundó el arte del agradecimiento en la vida cotidiana. En su libro *Gratefulness, The Heart of Prayer: An Approach to Life in Fullness*[21] (La gratitud, el corazón de la oración: un enfoque para una vida plena), eexplica cómo no es la felicidad lo que nos hace agradecidos. Es la gratitud la que nos hace felices. Cada momento es un regalo. No hay certeza de que tendrás otro momento, con todas las oportunidades que contiene. El regalo dentro de cada regalo es la oportunidad que nos ofrece. La mayoría de las veces es la oportunidad de disfrutarlo, pero a veces se nos da un regalo difícil, y eso puede ser una oportunidad para superar el desafío.[22]

Para el Hermano David, vivir con gratitud nos llama a comprometernos activamente con la fe y la confianza valiente en la vida. Nos enseña que estamos en sintonía con la fe cuando entramos en la quietud, cuando sentimos asombro y cuando actuamos con amor. El Hermano David cree que hay algo más grande que nuestras circunstancias actuales que podemos imaginar, y nos hacemos dispuestos a rendirnos ante la vida, en lugar de intentar controlarla, en esos

37

momentos. Una vez que nos comprometemos con este camino, comenzamos a profundizar nuestra exploración de la fe, porque reconocemos su alimento y los muchos dones que tiene para ofrecernos.[23] El poeta Rabindranath Tagore dijo bellamente: "La fe es el pájaro que siente la luz cuando el amanecer aún está oscuro". La fe nos permite ser ese pájaro mañanero que canta simplemente ante la perspectiva de una nueva mañana.[24]

El Hermano David escribe sobre la gratitud como parte importante del trabajo para crear una sociedad más justa. Para crear un mundo mejor, debemos tener fe los unos en los otros.[25] Así es como la solidaridad radical entra en nuestras vidas y en nuestra comunidad. Así es como personas de todas las creencias, orígenes y perspectivas se unen en la causa de la justicia.

En una de sus charlas, *Revolucionando la Revolución*,[26] el Hermano David habla sobre muchos de los grandes fundadores de tradiciones espirituales que han iniciado una revolución. Él cree que necesitamos una revolución, pero muchas de las revoluciones que conocemos operaron dentro del antiguo sistema de dominación. Cuando aquellos que habían sido oprimidos tomaron el poder, continuaron con muchos de los métodos opresivos de los gobernantes anteriores.[27]

El Hermano David sostiene que esto es lo que muchas revoluciones han hecho a lo largo de la historia. Sugiere que lo que se necesita es una revolución que revolucione el propio concepto de revolución. Habla de cómo lo hizo Buda, y cómo lo hizo Jesucristo y otros.

Una revolución que derroca un sistema opresivo

y lo reemplaza con uno nuevo solo puede tener éxito cuando hay una revolución dentro de nosotros. Debe haber una transformación interna en nuestro sentido de comunidad, compasión y amor por los demás. La verdadera revolución no debe imponerse por la fuerza o la violencia. Debe ser un compromiso no violento con la justicia para todos.[28]

Desde la tradición cristiana, se refiere a esto como "la tercera vía." Cuando hay agresión y el sistema de dominación se perpetúa, gobernando por la fuerza y la amenaza de violencia, existen dos formas comunes de responder: huir o luchar. Huir, o simplemente ceder, es la manera en que muchas personas actúan. Luchar es la revolución tradicional. La tercera vía es la no violencia. Esa fue la forma de Jesús: poner la otra mejilla.

Poner la otra mejilla no es ceder. Poner la otra mejilla fue profundamente revolucionario. Para el Hermano David, revolucionar la revolución significa tener fe en una respuesta no violenta a la opresión. Las acciones no violentas voltean el sistema de opresión y lo derrotan en un acto supremo de fe. Los activistas pueden oponerse ferozmente a un sistema opresivo, pero, en última instancia, el sistema que construyas debe estar fundamentado en la compasión y el amor.[29]

La fe es un concepto vasto que, en nuestras vidas y en el mundo, se expresa de innumerables maneras. Ya sea que tengamos algo que llamemos una tradición de fe o si creemos que no tenemos una fe religiosa en un sentido tradicional, todos vivimos informados por algún grado de fe en lo que no podemos ver, no podemos razonar y no podemos conocer. La fe puede ser confiar en la vida, confiar en tu núcleo interior o sabiduría para guiarte en la situación presente, sea cual sea y donde sea. Para los activistas de justicia social que son seculares en sus creencias, su fe puede estar en la bondad última de la humanidad, o en la capacidad de las personas trabajadoras para unirse en la lucha por un mundo más justo.

Para muchos activistas, su noción de fe puede ser la "justicia" a la que se refería el Dr. Martin Luther King, Jr. en su famosa cita: "El arco del universo moral es largo, pero se curva hacia la justicia".[30] El Hermano David se refiere a la fe como "confianza valiente", y cree que el gratitud está en el corazón de esta experiencia.[31] Esta definición de fe puede referirse a la confianza en la vida misma o en la fuente que sostiene toda la vida. En cualquier caso, la definición de fe que informa nuestro trabajo por la justicia mantiene un respeto esencial por todas las tradiciones religiosas y espirituales, y es un abrazo amplio e inclusivo a todas sus expresiones. Profundizar en nuestra fe significa ampliar nuestros corazones y lo que podemos albergar.[32]

"Fe" puede ser el sustantivo con "confianza" como verbo para ponerla en acción. Confiamos en la vida y en nosotros mismos para poner la fe en acción. Confiamos en un bien superior o en un ideal para poner la fe en acción. Entonces somos capaces de ver la justicia como un camino hacia ese bien superior. La "confianza" nos dice que este bien superior es real y se basa en lo que experimentamos a diario en nuestro trabajo.

Para llevar a cabo el trabajo por la justicia, debemos confiar en nosotros mismos y en los demás como activistas. Este puede ser un proceso desafiante para muchos de nosotros. Debemos trabajar para desmantelar la autocrítica y la duda en nosotros mismos y hacia los demás. Con autocrítica y duda me refiero al "crítico interior" que aparece y nos absorbe durante tiempos de incertidumbre o dificultad en nuestro trabajo. Todos tenemos un crítico interior: una voz interna que expresa críticas, frustración o desaprobación sobre nuestras acciones. Puede sonar como: "Deberías," "¿Por qué no lo hiciste?" "¿Qué te pasa?" o "¿Por qué no puedes hacerlo bien?" El diálogo interno específico es diferente para cada uno de nosotros, al igual que su frecuencia o intensidad.

Una norma cultural profundamente arraigada en este país es la creencia de que la crítica severa o los comentarios inducidos por la culpa motivarán el comportamiento. Quizás se piensa que si te das cuenta de que tus acciones no son lo suficientemente buenas o ideales, querrás cambiar. El "crítico interior" establece una limitación sobre nosotros mismos y sobre lo que creemos que es posible.

Otras personas en nuestras vidas pueden hacer comentarios "útiles" pero críticos para reforzar y controlar nuestro comportamiento o para controlar sus propios sentimientos. También usamos pensamientos críticos o controladores dentro de nosotros mismos como una forma de lidiar con el miedo, la vergüenza y lo desconocido. Con el tiempo, estos comentarios (dentro de nosotros y de los demás) se internalizan y se convierten en nuestro "crítico interior," el persistente diálogo interno negativo que conduce a la desesperación.

Cuando somos autocríticos y dudamos de nosotros mismos, nos causamos injusticia. La duda y la autocrítica nos impiden ser nuestro verdadero yo y estar plenamente presentes en el trabajo por la justicia. En lugar de permitir que nuestro "crítico interior" nos absorba, deberíamos ver cada actividad como una experiencia de aprendizaje. Participar en el proceso de aprendizaje nos ayuda a desmantelar nuestro "crítico interior," a tratarnos con amabilidad y a ampliar nuestro horizonte para realizar un mayor potencial como activistas.

Francisco tuvo que confiar en las voces dentro de él que le decían que buscara una nueva vida arraigada en las enseñanzas del Evangelio. Confió en su "voz interior" para elegir este camino y guiarlo. Todo el escrutinio, las burlas y los ataques verbales que experimentó por parte de sus amigos, padres y conciudadanos lo llevaron a confiar aún más en sí mismo y en este nuevo viaje. De la misma manera, debemos confiar en que aspiramos a un bien superior, y el trabajo por la justicia es el camino hacia él. Debemos entregarnos plenamente al trabajo diario abrazando los fracasos, los reveses y los desafíos. Debemos confiar y abrazar este viaje.

Momento de meditación

El viaje
por Mary Oliver[33]

Un día por fin supiste
lo que tenías que hacer, y lo empezaste,
aunque a tu alrededor algunas voces
insistían en gritar
malos consejos...
aunque toda la casa
se puso a temblar
y sentiste el viejo tirón
en los tobillos.
"¡Arréglame la vida!",
gritaba cada una de las voces.
Pero no te detuviste.
Sabías lo que tenías que hacer,
aunque el viento husmeara
con sus dedos rígidos
hasta en los cimientos,
aunque su melancolía
fuese tremenda.
Ya era bastante tarde
y era una noche espantosa
y la carretera estaba llena
de ramas y piedras caídas.
Pero poco a poco,
a medida que dejabas atrás sus voces,
las estrellas comenzaron a arder
a través de las láminas de nubes,
y se oyó una voz nueva

que lentamente
reconociste como tuya,
que te hacía compañía
mientras a zancadas
penetrabas cada vez más en el mundo,
con la decisión de hacer
lo único que podías hacer...
la decisión de salvar
la única vida que podías salvar.

Tus Reflexiones Sobre el Capítulo 4:

Capítulo 5

Donde hay desesperación, déjame dar esperanza.

Krista Tippett, presentadora de On Being Project, la popular iniciativa independiente sin fines de lucro sobre la vida pública y los medios de comunicación, se centra en la esperanza en su bestseller del New York Times, *Becoming Wise: Una indagación sobre el misterio y el arte de vivir*.[34] Tippett se refiere a la esperanza como una vocación para aquellos de nosotros que podemos mantenerla por el bien del mundo. Para Tippett, la esperanza es distinta del optimismo o el idealismo. No tiene nada que ver con desear buenos resultados. En cambio, la esperanza "hace referencia a la realidad en todo momento y venera la verdad". Para Tippett, la esperanza "vive con los ojos abiertos y el corazón entero con la oscuridad que se entreteje ineluctablemente en la luz de la vida y a veces parece superarla".[35]

La esperanza, por tanto, es una elección que se convierte en una práctica para desarrollar un recurso renovable para avanzar por la vida tal y como es, no como deseamos que sea. A través de la esperanza, la sabiduría surge precisamente en esos momentos en los que tenemos que mantener realidades aparentemente opuestas en una tensión e interacción creativas: poder y fragilidad, nacimiento y muerte, dolor y esperanza, belleza y ruptura, misterio y convicción, calma y ferocidad, lo mío y lo tuyo.[36]

Pero la esperanza también nos llama a atender al mundo que espera nacer. Cuando nos encontramos con la fealdad, la traición y la destrucción, la esperanza aparece como valentía, creatividad y dignidad insondable. Entonces vemos vidas hermosas por todas partes, cosiendo nuevas relaciones a través de la ruptura, sacando nueva vida de la pérdida.[37]

En el trabajo por la justicia, la esperanza puede nutrir una conciencia de la realidad de una situación que está afectando a una comunidad. La esperanza ayuda a los activistas a llevar empatía y compasión a una situación en la que alguien o algún grupo está sufriendo. Necesitamos empatía en nuestro trabajo, y mucha. La esperanza nos permite permanecer en la oscuridad junto a las comunidades profundamente lastimadas, en lugar de huir de ellas. Nos permite conectar nuestros corazones con el sufrimiento de los demás, de la misma manera en que Francisco desarrolló empatía por los leprosos y los sin hogar de su época.

La empatía y la compasión nos llevan a la interconexión, lo que a su vez genera más esperanza. Francisco vivió profundamente en la empatía y la compasión. Sabía que eran las raíces que nutren nuestra interconexión con los demás: nuestra conexión de corazón a corazón. La empatía es nuestro corazón extendiéndose hacia el corazón de alguien en desesperación y compartiendo su sufrimiento. Es estar completamente presente –mente, corazón y alma– con alguien que está sufriendo. Luego, la compasión surge cuando actuamos para abordar y aliviar el sufrimiento. Esta es la esperanza del activismo en acción en su nivel más profundo, al estilo de Francisco de Asís.

La interconexión se convierte así en una parte importante e indispensable del trabajo por la justicia. Francisco pasaba largas horas con cada miembro de su primer grupo de seguidores. Vivía las conexiones de corazón a corazón con ellos. Del mismo modo, en el movimiento por el cambio social, todos estamos entrelazados: nosotros mismos y nuestras vidas. Esto se convierte en la red colectiva entretejida de confianza, las relaciones profundas y la responsabilidad de unos con otros. Esta es nuestra interdependencia en nuestro trabajo: el valor de confiar en la esperanza de que estamos haciendo lo correcto en la lucha por la justicia.

Thich Nhat Hanh, maestro budista zen vietnamita de fama mundial, poeta, erudito y activista de los derechos humanos, es considerado el padre del "Mindfulness". Influyó en el Dr. Martin Luther King, Jr. para que se involucrara activamente en la oposición a la guerra de Vietnam. El Dr. King lo nominó para el Premio Nobel de la Paz en 1966. En su Cuarto Entrenamiento en Plena Consciencia relacionado con la alegría y la esperanza, Thich Nhat Hanh comparte lo siguiente:

> Consciente del sufrimiento causado por el habla sin plena consciencia y la incapacidad de escuchar a los demás, me comprometo a cultivar el habla amorosa y la escucha compasiva para aliviar el sufrimiento y promover la reconciliación y la paz en mí mismo y entre otras personas, grupos étnicos y religiosos, y naciones. Sabiendo

que las palabras pueden crear felicidad o sufrimiento, me comprometo a hablar con sinceridad utilizando palabras que inspiren confianza, alegría y esperanza. Cuando la ira se manifieste en mí, estoy decidido a no hablar. Practicaré la respiración y el caminar conscientes para reconocer y mirar profundamente mi ira. Sé que las raíces de la ira pueden encontrarse en mis percepciones erróneas y en la falta de comprensión del sufrimiento en mí mismo y en la otra persona. Hablaré y escucharé de una manera que pueda ayudarme a mí mismo y a la otra persona a transformar el sufrimiento y a ver la salida de situaciones difíciles. Estoy decidido a no difundir noticias que no sepa con certeza y a no pronunciar palabras que puedan causar división o discordia. Practicaré la Recta Diligencia para nutrir mi capacidad de comprensión, amor, alegría e inclusividad, y transformar gradualmente la ira, la violencia y el miedo que yacen profundamente en mi consciencia.[38]

Al igual que Francisco hizo con su grupo de seguidores, nosotros como activistas debemos crear nuestro propio sentido de comunidad que se convierta en nuestro "núcleo interior," una incubadora espiritual que nos ayude a crecer, desarrollarnos y servir. Para Francisco, el camino hacia una vida plena estaba en el servicio a los demás. Francisco estaba dispuesto a darse a sí mismo para vivir en compasión hacia los demás.

Tenemos la libertad de elegir la sanación y el amor

como forma de vida. Para Francisco, el crecimiento espiritual conduce directamente al servicio. Es incompleto si se enfoca solo en lo que hace por ti. La espiritualidad que no se extiende más allá de nosotros mismos es como un cuerpo sin manos. El amor que no se comunica a través de actos demostrables es amor no expresado. Thich Nhat Hanh dice: "Si mientras practicamos no somos conscientes de que el mundo está sufriendo, de que los niños están muriendo de hambre, de que la injusticia social está ocurriendo en todas partes, no estamos practicando la plena consciencia. Solo estamos tratando de escapar."[39]

Puede haber una sensación de vacío que se infiltra cuando el trabajo del activismo se convierte en una rutina de actividades y tareas diarias. Gran parte de nuestro trabajo diario en el movimiento trata sobre la fragilidad de la vida, lidiando con tantas vidas en juego, y sin saber qué está sucediendo o qué sucederá a continuación. Pero al final, confiamos en nuestra fuerza interior para creer que la necesidad de amar y ser amado es inherente a todos aquellos a quienes ayudamos. Esto nos ayuda a darnos cuenta de que las relaciones dentro de nuestro trabajo diario deben convertirse en el enfoque central. En realidad, no hay significado en una tarea o actividad a menos que haya una profunda interconexión con nuestra espiritualidad, nuestro "núcleo interior" y con los demás en nuestro trabajo por la justicia. Francisco dijo: "No importa con quién te encuentres en tu vida diaria, ya sea amigo o enemigo, incluso ladrón o asaltante, debes recibir a todos con amabilidad,"[40] y que "el amor es más poderoso que el conocimiento o el juicio".[41]

Momento de meditación

Permitir
por Danna Faulds[42]

A la vida no se la puede controlar.
Trata de acorralar a un rayo,
o de dominar a un tornado.
Detén a un río y creará un nuevo cauce.
Resiste y la marea te hará caer.
Permite y la gracia te aupará a un nivel
superior.
La única seguridad reside en dejar entrar a
todo:
lo salvaje y lo débil; el miedo,
las fantasías, los fracasos y el éxito.
Cuando la pérdida arranca las puertas del
corazón,
o la tristeza encubre tu visión con
desesperanza,
La práctica consiste sencillamente en
soportar la verdad.
Si escoges abandonar tu forma conocida de
ser,
Todo el mundo se revela ante tus ojos
nuevos.

Tus Reflexiones Sobre el Capítulo 5:

Capítulo 6

Donde haya oscuridad, que yo lleve la luz.

Francisco y sus seguidores encontraron su profundidad de empatía, compasión, alegría y amor en medio de su propio sufrimiento y al sanar a otros. Experimentaban una profunda alegría al poder llevar a cabo las enseñanzas del Evangelio de una manera radical en su vida diaria, sirviendo a los pobres, leprosos, sin hogar y enfermos, y desafiaron la corrupción en la Iglesia Católica y en las instituciones gubernamentales.

De manera similar, nosotros como activistas tenemos la capacidad de compartir una profunda empatía por los demás. Al elegir vivir una vida de servicio a los demás, como activistas tenemos en nuestro núcleo interior un profundo nivel de empatía al que podemos recurrir al abordar las necesidades y el sufrimiento de los demás. Nos convertimos en una fuente inagotable de compasión.

Nunca puedes ponerte completamente en la situación de otro que está sufriendo. En cambio, te esfuerzas por centrarte para poder ver la situación de esa persona desde sus ojos y su perspectiva. Tus acciones como activista se convierten en una luz brillante para aquellos que sufren en su tiempo de oscuridad. Junto con otros activistas, combinas todas tus luces brillantes en una fuerza poderosa que puede superar cualquier oscuridad. Una cita popular atribuida a San Francisco dice: "Toda la oscuridad en el mundo no puede apagar la llama de una sola vela."

Ruby Sales, activista de larga trayectoria en los derechos civiles y teóloga pública, ha sido una luz brillante para mí. Nacida en Jemison, Alabama, el 8 de julio de 1948, Sales sufrió muchas dificultades durante el movimiento por los derechos civiles, pero no se desanimó. Después de obtener su licenciatura en historia estadounidense en 1971 de Manhattanville College, donde fue becaria de mérito del Consejo Nacional de Iglesias, Sales se inscribió en la escuela de posgrado en la Universidad de Princeton.

Sales enseñó educación para adultos en Boston durante un año y luego trabajó como directora del Centro de Quejas de Ciudadanos en Washington, D.C. De 1986 a 1988, impartió cursos sobre el movimiento de derechos civiles y la historia de las mujeres afroamericanas en la Universidad de Maryland antes de unirse a la Asociación Nacional de Estudios de la Mujer. Se desempeñó como directora de 1989 a 1991 de *Black Women's Voices and Images*, una iniciativa para vincular la investigación con la acción en temas que afectan a las mujeres negras. Durante los tres años siguientes, trabajó como directora de *Women of All Colors*, coordinando una amplia coalición de organizaciones progresistas para trabajar en temas que afectan a todas las mujeres.

En 1994, Sales ingresó en la Escuela de Divinidad Episcopal en Cambridge, Massachusetts. Estudió teologías feminista, afroamericana y de la liberación con un énfasis en cuestiones de raza, clase y género, y en 1998 recibió su título de Maestría en Divinidad.[43] Su formación como seminarista la preparó para lanzar *SpiritHouse* en el año 2000, una organización sin fines de lucro centrada en la organización comunitaria y la construcción comunitaria basada en la espiritualidad.[44]

Mientras estudiaba en el Instituto Tuskegee en Alabama, Sales se involucró en la campaña de registro de votantes *Freedom Summer* del estado. Una tarde, el 20 de agosto de 1965, mientras ella y Jonathan Daniels, un joven seminarista blanco, estaban en la fila de una tienda de la esquina, un hombre disparó y mató a Daniels por estar detrás de Sales en la fila. Afectada y sin poder hablar significativamente durante siete meses, Sales decidió asistir al juicio del asesino de Daniels, Tom Coleman, y testificar en nombre de su colega asesinado.[45]

El activismo espiritual, o teología pública, de Sales conecta sus raíces espirituales negras, fundadas en la religión popular afroamericana, con una filosofía de no violencia. En lugar de una religión retaliatoria, la religión popular afroamericana se basa en las relaciones correctas, el amor y la no violencia. Para Sales, el papel del activismo espiritual en el siglo 21 será una redefinición de la comunidad y de nuestra relación con los demás. Ella cree que será un momento desafiante, pero también emocionante en la teología activista, porque podría expandir nuestra comprensión, así como la realidad de una Comunidad Amada global. Para Ruby Sales, las teologías activistas deben tener retrospectiva, introspección y previsión. Esta es una visión completa, y dice que no es una visión del "yo," sino una visión del "nosotros."[46] Sales lleva consigo esta noción completa de relaciones correctas. Este es el pilar sobre el cual ella imagina la justicia.

Sales señala que el amor no es antitético a la ira o

a estar indignado. Hay dos tipos de ira. Existe la ira redentora y la ira no redentora. La ira redentora es la que impulsa a la transformación y al fortalecimiento humano. La ira no redentora es la ira en la que se arraiga la supremacía blanca. Es importante hacer esta distinción, porque la gente piensa que la ira, en sí misma, es una emoción negativa. Para ella, depende del punto de partida de la conversación.

Sales se involucró en el Movimiento por la Libertad del Sur no solo porque estaba enojada por la injusticia, sino porque amaba la idea de la justicia. Ahí es donde comienza su conversación.

La mayoría de la gente empieza su conversación con un "odio esto", pero hablan con menos frecuencia de qué es lo que aman. Aquí es donde las enseñanzas de Sales se convirtieron en una luz brillante en mi trabajo. Ella cree que tenemos que desarrollar una conversación que incorpore una visión del amor junto con una visión de la indignación. Ella no las ve como opuestas. No se puede hablar de injusticia sin hablar de sufrimiento". Pero para Sales, la razón por la que quiere que haya justicia es porque ama a todo el mundo en su corazón. Y si no tuviera ese sentimiento, esa sensación, entonces no habría lucha.[47]

Ruby Sales explora una cuestión fundamental: qué significa ser humano. Señala que vivimos en un mundo muy diverso, y hablar de lo que significa ser humano es hablar con la lengua simultánea de la universalidad y las particularidades. Para Sales, debemos envolver nuestra conciencia en torno a un mundo en el que las personas aportan historias y experiencias enormemente diferentes, pero, al mismo tiempo, un mundo en el que experimentamos el dolor y el amor de algunas de las mismas maneras.

La pregunta a considerar es, ¿cómo desarrollamos teologías que entrelacen el "yo" con el "nosotros" y el "nosotros" con el "yo"?[48]

Hoy en día, a menudo somos testigos de grupos supremacistas blancos y otros grupos de odio que se alimentan del amor por unos pocos selectos mientras expresan desprecio y burla hacia otros a quienes consideran inferiores e indignos. Francisco diría que tal expresión de amor por un grupo selecto que permite el odio hacia otros no es realmente amor. Es odio disfrazado de amor. Para él, el amor es incondicional, sin ninguna calificación o selección. La historia de San Francisco y los Tres Ladrones resalta esta enseñanza.[49]

Un día, tres ladrones asesinos llegaron al eremitorio de los frailes en Monte Casale, que estaba a medio camino entre Asís y Laverna. Pidieron algo de comida, pero el guardián se negó. En su lugar, los reprendió severamente por sus crímenes y su depravado estilo de vida y los echó. Francisco regresó al eremitorio poco tiempo después con un saco de pan y una jarra de vino que acababa de mendigar. Al descubrir lo que el guardián había hecho, se molestó mucho. Francisco reprendió al guardián y le ordenó que saliera en busca de los ladrones con el pan y el vino que acababa de conseguir. El guardián debía pedirles perdón por su crueldad. Luego, debía implorarles que cambiaran su forma de vida y no cometieran más actos criminales. Si prometían estas cosas, Francisco se encargaría de cubrir todas sus necesidades.

Cuando el guardián alcanzó a los ladrones, hizo lo que Francisco le había ordenado. Sorprendidos, tomaron de él la comida y el vino y comieron. Al escuchar sus humildes palabras, los ladrones empezaron a sentir pena por la vida disoluta que habían llevado. Sus corazones empezaron a convertirse.

Los ladrones decidieron volver a Francisco y preguntarle si sus crímenes eran demasiado para la misericordia de Dios. Francisco les aseguró que la misericordia y la bondad de Dios son infinitas. Cambiaron de vida y se hicieron frailes. El deseo que Francisco tenía de que estos tres ladrones experimentaran la misericordia de Dios era el mismo deseo que tenía de que todas las personas conocieran el perdón de Dios.[50] De este deseo nació el Perdono de Asís, que se celebra cada año.

Francisco tenía la capacidad de adentrarse en el corazón de alguien y compartir la alegría y la tristeza de esa persona. Como activistas por la justicia social, tenemos el potencial de conectar a través de nuestros corazones y dejar que esa conexión sea la fuerza motriz que nos permita luchar juntos, pelear juntos y ganar juntos. Al alcanzar ese potencial de relación humana, alimentamos el núcleo espiritual que nos permite avanzar con un profundo colectivismo. Ésta es la verdadera solidaridad en acción en el movimiento por la justicia social: nuestra interconexión y la fuerza espiritual del amor y la compasión de unos por otros, de forma muy similar al amor incondicional que Francisco sentía por toda la creación.

Momento de meditación

Yo soy la luz
por India.Arie[51]

Soy luz, soy luz
No soy las cosas que mi familia hizo
No soy las voces de mi cabeza
No soy los pedazos de lo que se ha roto en el
interior
Soy luz, soy luz
No soy los errores que he cometido
O cualquiera de las cosas que me causaron
dolor
No soy los pedazos de los sueños que dejé
atrás
Soy luz, soy luz
No soy el color de mis ojos
No soy la piel del exterior
No tengo mi edad
No soy mi raza, mi alma interior es toda luz
Toda luz, Toda luz
Soy la divinidad definida
Yo soy el dios en el interior
Soy una estrella
Una parte de todo
Soy la luz

Tus Reflexiones Sobre el Capítulo 6:

Capítulo 7

Donde hay tristeza, déjame dar alegría.

El trabajo por la justicia nunca ha sido tan difícil y agotador para quienes trabajamos a diario en las trincheras. Al mismo tiempo, ha sido inspirador ver que nuestra resiliencia y resistencia no han decaído, sino que están creciendo de muchas maneras, desde proyectos comunitarios y vecinales hasta movilizaciones masivas. Una forma importante de seguir sosteniendo este trabajo es a través de la alegría. Cuando hablo de alegría, no me refiero a comparar nuestra situación con la de otros que sufren, que es ver las circunstancias desde nuestro egocentrismo. Por el contrario, se trata de estar alegres porque la injusticia, la crisis y la adversidad de hoy nos brindan la oportunidad de aplicarnos a nosotros mismos, nuestros talentos y dones como activistas para ganar justicia para aquellos que la necesitan.

Francisco adquirió su alegría espiritual a través de actos de sencillez con amor y compasión hacia los demás en sus momentos de necesidad y sufrimiento. Para Francisco, era importante que sus seguidores abrazaran la alegría a diario, tanto en los momentos buenos como en los difíciles. No importa lo que traiga el día, el hecho de que tengamos un día para vivir en nuestro propósito como activistas es una razón para tener alegría en nuestros corazones. Abracemos la alegría.

Francisco tenía un afecto especial por los alegres. Tan importante era para él, para una verdadera vida espiritual, la alegría de espíritu, que la hizo parte de su regla para sus seguidores: "No andéis con semblante sombrío ni con tristeza hipócrita. Más bien dejad que el mundo vea vuestra alegría en el Espíritu. Mostrad a todos los frutos del Espíritu, buen ánimo y generosidad".[52]

Para Francisco, la alegría espiritual dependía de su interconexión con los demás. Todos estamos interconectados con los demás a través de nuestros corazones. Nos conectamos a través de nuestra alegría y de nuestro sufrimiento. Este sentido de interconexión es esencial para alcanzar la máxima realización en nuestro trabajo. Cuando trabajamos juntos, debemos dar prioridad a la alegría mutua, especialmente durante las largas luchas. Debemos conectarnos unos con otros para compartir la alegría y estar en comunidad. La interconexión de nuestro amor y cuidado mutuos debe ser inherente a nuestro trabajo.

Encontramos alegría en el trabajo por la justicia a través de, y con, los demás. Cuando formamos parte de campañas para luchar contra las injusticias y mejorar la vida de los demás, la alegría que todos experimentamos en nuestras victorias debe conectar con la alegría espiritual que hay dentro de cada uno de nosotros. Debe ser una alegría compartida y profunda, la conexión de nuestro amor y cuidado mutuos. Desde el punto de vista de la organización, esto puede considerarse el nivel más alto de solidaridad. En cierto modo, esta presencia de compartir la alegría y el sufrimiento de los demás se convierte en una forma de solidaridad radical dentro de nosotros y entre nosotros. Es el poder de esta alegría colectiva compartida lo que nos sostiene como activistas mientras luchamos juntos por la justicia.

A lo largo de *El libro de la alegría*, el Dalai Lama se refiere a investigaciones científicas emergentes que muestran cómo somos más felices cuando nos enfocamos en los demás, no solo en nosotros mismos. Llevar alegría a los demás es la forma más rápida de experimentar alegría uno mismo. También se convierte en una manera de abordar la fatiga y el agotamiento, que conducen a un colapso de nuestra mente y cuerpo. Según el Dalai Lama, incluso diez minutos dedicados conscientemente a considerar el bienestar de los demás pueden ayudar a sentirse alegre durante todo el día. Cuando cerramos nuestros corazones, no podemos ser felices. Cuando tenemos el valor de vivir con un corazón abierto, somos capaces de sentir nuestro dolor y el dolor de los demás, pero también podemos experimentar una mayor alegría. Cuanto más grandes y cálidos sean nuestros corazones, más fuerte será nuestro sentido de vitalidad y resiliencia. Este estado de alegría es indispensable cuando nos encontramos tratando de lograr una sostenibilidad sólida durante una crisis, como la pandemia de coronavirus.[53]

La generosidad de espíritu es la expresión más auténtica del desarrollo espiritual. Requiere tiempo para desarrollarse. Da al mundo tu amor, tu servicio, tu sanación, pero también tu alegría. Debemos imaginarnos como un oasis de paz, un remanso de serenidad que se expande hacia todos los que nos rodean. Al hacerlo, nos volvemos menos egocéntricos, menos auto enfocados y más olvidados de nosotros mismos. La compasión y la generosidad están en el centro de nuestra humanidad. Hacen que nuestras vidas sean alegres y significativas. Como dijo una vez Martin Luther King, Jr., "Debemos aprender a vivir juntos como hermanas y hermanos, o pereceremos juntos como necios."[54]

Thich Nhat Hanh nos enseña que cuando pensamos que estamos "haciendo algo mal", de alguna manera estamos "fracasando en la felicidad". Ser capaces de disfrutar la felicidad no requiere que no tengamos sufrimiento. De hecho, el arte de la felicidad también es el arte de sufrir bien. Cuando aprendemos a reconocer, abrazar y comprender nuestro propio sufrimiento, sufrimos menos. No solo eso, también podemos ir más allá y transformar nuestro sufrimiento en comprensión, compasión y alegría para nosotros mismos y para los demás.[55]

Con sus poderosas enseñanzas, libros más vendidos y retiros a los que asisten miles de personas, Pema Chödrön es una de las maestras de budismo nacidas en Estados Unidos más populares. Nos enseña la práctica de tonglen como un método para conectar con el sufrimiento—el nuestro y el que nos rodea— en cualquier lugar al que vayamos. Es un método para superar el miedo al sufrimiento y para disolver la rigidez de nuestro corazón. Principalmente, es un método para despertar la compasión que es inherente en todos nosotros, sin importar lo que la vida te esté trayendo en ese momento.

La práctica de tonglen, también conocida como "tomar y dar," invierte nuestra lógica habitual de evitar el sufrimiento y buscar el placer. En la práctica de tonglen, visualizamos absorber el dolor de los demás con cada inhalación y enviarles lo que les beneficie con la exhalación. En el proceso, nos liberamos de patrones de egoísmo arraigados desde hace mucho tiempo. Comenzamos a sentir amor tanto por nosotros mismos como por los demás; comenzamos a cuidarnos a nosotros mismos y a los demás. Tonglen se puede practicar para aquellos que están enfermos, los que están muriendo o acaban de morir, o para aquellos que están sufriendo de cualquier manera. Se puede hacer como una práctica de meditación formal o en el momento. Por ejemplo, si estás caminando y ves a alguien con dolor, justo en ese instante puedes mantener pensamientos amorosos para esa persona en tu mente y corazón. Puedes comenzar a inhalar su dolor y enviarles energía sanadora.[56]

Según Chödrön, puedes practicar tonglen para todas las personas, para todos los que deseen ser compasivos, para todos los que deseen ser valientes. Si haces tonglen por alguien a quien amas, extiéndelo a todos los que estén en la misma situación. Si haces tonglen por alguien que ves en la televisión o en la calle, hazlo por todos los que están en la misma situación.[57] Finalmente, Chödrön nos enseña que la compasión no es "una relación entre el sanador y el herido. Es una relación entre iguales. Sólo cuando conocemos bien nuestra propia oscuridad podemos estar presentes en la oscuridad de los demás. La compasión se hace real cuando reconocemos nuestra humanidad compartida".[58]

Una de las cosas que más nos cuesta aceptar es que no existe un reino en el que sólo haya felicidad y ningún sufrimiento. Esto no significa que debamos desesperar. El sufrimiento aún puede transformarse. En cuanto abrimos la boca para decir "sufrimiento", sabemos que también existe lo contrario del sufrimiento. Donde hay sufrimiento, puede haber felicidad. Si nos centramos exclusivamente en buscar la felicidad, podemos considerar el sufrimiento como algo que hay que ignorar o a lo que hay que resistirse. Pensamos en él como algo que se interpone en el camino de la felicidad. Si sabemos abrazar nuestro sufrimiento y el de los demás, podemos transformarlo y sufrir menos nosotros mismos. Saber sufrir bien es esencial para alcanzar la verdadera alegría, especialmente en el trabajo por la justicia.

Momento de meditación

Sobrellevar
por Audre Lorde[59]

Ha llovido durante cinco días
seguidos
el mundo es
un charco redondo
de agua sin sol
donde pequeñas islas
apenas empiezan
a sobrellevarlo
un niño
en mi jardín
está sacando agua de
su parche de flores
cuando le pregunto por qué
me dice
las semillas jóvenes que no han visto el sol
olvidan
y se ahogan fácilmente.

Tus Reflexiones Sobre el Capítulo 7:

Capítulo 8

Oh Señor, haz que no intente ser consolado sino consolar.

Como activistas, somos agentes de paz. Somos amor y compasión. Al brindar amor y compasión a los necesitados, estamos brindando amor y compasión a nosotros mismos. Desde la perspectiva del trabajo activista por la justicia, Francisco nos enseña sobre el "falso yo" o el yo centrado en el ego.

Francisco, el activista por la paz, nos enseña que la simplicidad es necesaria para controlar el ego. Para él, la simplicidad es una forma de protegerse de involucrarse en acciones egocéntricas y, en cambio, actuar desde un lugar genuino del corazón. Puede ser una lucha constante, ya que a menudo buscamos la afirmación y el elogio de los demás. Pero actuar desde un lugar de amor y conexión en lugar de buscar reconocimiento hace que la vida sea más simple y libre. Si bien es posible que nunca podamos abandonar completamente nuestra actitud egocéntrica, aún podemos actuar por empatía y amor hacia los demás.

La sencillez radica en dónde colocamos nuestro corazón y cómo hacemos la transición de nuestro yo centrado en el ego a nuestro yo esencial, donde podemos conectarnos con nuestra compasión y bondad. Es desde este yo esencial que somos capaces de servir y ayudar a los demás desde un lugar de amor genuino, y no desde uno de egocentrismo disfrazado de compasión.

La sencillez se convierte en el suelo de nuestro jardín espiritual del cual crecen y se desarrollan nuestros valores. Esta virtud de la simplicidad nos permite ver nuestro trabajo con menos énfasis en el individualismo y la autogratificación, y en cambio, enfocamos la conciencia de nuestras acciones en conectarnos con las vidas de los necesitados y cuidar de su bienestar. Una vez que somos capaces de hacer este cambio, encontramos este sentido de simplicidad que nos permite ayudar a los demás desde un lugar de amor genuino y compasión, y no desde uno de egocentrismo.

Al practicar esta virtud de la sencillez, me acerco a que mis actos sean más auténticos y provengan de un lugar de bondad en mi corazón, y no de mi yo egocéntrico. Simplificar mi vida como activista no radica tanto en lo que me despojo como en lo que hago para enfocarse en dar y compartir. Sin embargo, esto no significa que nunca debamos reconocer nuestro propio trabajo como activistas. Necesitamos alabarnos a nosotros mismos y a los demás regularmente por tomar la decisión de vivir una vida dedicada a trabajar por la justicia. Debemos alabarnos por nuestro trabajo diario para mejorar las vidas de los demás y lograr un mundo más justo y humano. Al hacerlo, no estamos afirmando ser especiales o grandes, sino que estamos utilizando nuestro tiempo para servir y llevar consuelo a los demás con profunda gratitud. Este es un acto de amabilidad hacia nosotros mismos en nuestro trabajo por la justicia, no un acto de egoísmo.

Dorothy Day estuvo conectada a la pobreza toda su vida. Conoció la pobreza en los barrios marginales de Chicago, donde vivió siendo adolescente. Más tarde la vio a su alrededor en Nueva York, donde se mudó después de abandonar la universidad y vivió durante más de seis décadas. Incluso antes de la Gran Depresión, Day había sido sensible a la situación de los pobres, una sensibilidad que finalmente moldeó su vocación. Los escritos de Upton Sinclair ayudaron a formar el interés de Day en el movimiento laboral y a profundizar su conciencia sobre la lucha entre las clases económicas. A los treinta años, se convirtió al catolicismo. En los años que siguieron, fundó un periódico radical y comenzó a abrir lo que ella llamaba "casas de hospitalidad" para aquellos que necesitaban algo de comer y un lugar donde quedarse.

El Movimiento del Trabajador Católico serviría a los pobres en más de doscientas comunidades. Bajo la dirección de Day, también desarrollaría una agenda política, adoptando posturas proféticas contra la segregación racial, la guerra nuclear, el servicio militar obligatorio y los conflictos armados en todo el mundo.

Aunque su salud estaba deteriorada en sus últimos años, Day continuó defendiendo la justicia. Sus peregrinaciones durante este tiempo la llevaron a Roma para recibir la Comunión del Papa Pablo VI, a la India para reunirse con la Madre Teresa y hablar con monjas novicias sobre la protesta no violenta, y finalmente a California, donde fue encarcelada en su última protesta, apoyando a los Trabajadores Agrícolas Unidos junto a César Chávez.[60]

Cuando murió, en 1980, Day se había convertido en una de las pensadoras más destacadas de la izquierda y en una de las hacedoras de la derecha. Durante su vida, fueron los secularistas quienes llamaron a Day una santa. El Movimiento del Trabajador Católico todavía existe, con casi doscientas casas de hospitalidad en todo el mundo Su periódico, el Trabajador Católico, todavía se publica y se vende por un centavo, y todavía promueve las revoluciones del corazón. La influencia de Dorothy Day todavía se siente en los Socialistas Democráticos de América.[61]

Para Dorothy Day, nuestro mayor desafío es "cómo llevar a cabo una revolución del corazón, una revolución que tiene que empezar con cada uno de nosotros". Ella exige paciencia y una profunda conciencia de las pequeñas tareas que se requieren para lograr la justicia. Nos recuerda que debemos "colocar un ladrillo a la vez, dar un paso a la vez." Aunque quizás no vivamos para ver los frutos de nuestro trabajo, "nuestra tarea es sembrar; otra generación cosechará la cosecha." Day nos enseña que si tenemos fe en lo que hacemos, protestando y luchando contra la injusticia, entonces realmente estamos sembrando nuestras semillas, y en eso reside la promesa de la cosecha futura.[62]

El Arzobispo Hélder Câmara fue una figura temprana e importante en el movimiento que llegó a conocerse como la teología de la liberación a finales de la década de 1970. Se desempeñó como Arzobispo desde 1964 hasta 1985, durante el régimen militar en Brasil. Durante este período de dictadura, Câmara realizó un trabajo social y político en favor de los pobres, los derechos humanos y la democracia. Predicaba por una iglesia más cercana a los pobres y a los miembros de las comunidades excluidas, y abogaba por la no violencia. Se le atribuye la famosa frase: "Cuando doy de comer a los pobres, me llaman santo. Cuando pregunto por qué son pobres, me llaman comunista." De manera similar, Francisco se identificaba con los pobres y los grupos marginados, y participaba en su lucha por la supervivencia, siempre trabajando por su liberación. También era consciente de su situación, de ser despreciados y rechazados por otras clases. Al conectar a Câmara con Francisco, Leonardo Boff afirma lo siguiente sobre la lucha por los trabajadores pobres: "Se puede apreciar la verdad del Arzobispo Hélder Câmara, el gran realizador de San Francisco en nuestro medio: 'Nadie es tan pobre que no pueda dar, ni tan rico que no pueda recibir.' En el dar y recibir, se nutre y se construye la vida humana como humana, más allá de las diferencias de clase. En el dar y recibir, los pobres sienten que su propia pobreza se humaniza. En este contexto, la cortesía, 'hermana de la caridad y una de las cualidades de Dios,' la disponibilidad, el servicio humilde, y la profunda gentileza y compasión de Francisco hacia los más necesitados adquieren relevancia. Son formas de comunicación que humanizan y liberan."[63]

Câmara está diciendo que los pobres y los humildes pueden enseñarnos y transformarnos. La Iglesia y todas las organizaciones comunitarias que tratan de acabar con la opresión deben comprometerse en un proceso transformador de liderazgo de servicio en el que puedan ser transformadas por los pobres y los miembros de la comunidad afectados por las injusticias que están abordando. Es en esta relación de dar y recibir donde podemos trabajar juntos con los miembros de la comunidad para abordar las causas profundas de las injusticias y la pobreza, y transformarnos a nosotros mismos en el proceso.

Para Francisco, la sencillez consistía en luchar por la igualdad en un mundo de salvaje disparidad a través de las enseñanzas del Evangelio. El mundo de Francisco, muy parecido al nuestro hoy en día, era uno donde el sistema de comercio mercantil dominaba y se estaba apoderando de la economía tradicional administrada por la iglesia en la Edad Media. Al igual que la economía global de hoy, esta transición a un nuevo modelo económico en la época de Francisco creó profundas desigualdades sociales y disparidades en la riqueza. Muy parecido a la lucha actual por la justicia económica, Francisco y sus seguidores se enfocaron en mejorar las vidas de los pobres, los enfermos y los sin hogar, quienes fueron victimizados por las injusticias de esta economía mercantil.

Momento de meditación

La Esperanza de Amar
por Meister Eckhart[64]

¿Qué nos mantiene vivos, qué nos permite
resistir?
Creo que es la esperanza de amar,
o ser amado.
Oí una vez una fábula sobre el sol que se va
de viaje
para encontrar su fuente, y cómo lloraba la
luna
sin la cálida mirada
de su amante.
Lloramos cuando la luz no llega a nuestros
corazones. Nos marchitamos
como campos si alguien cercano
no derrama su
amabilidad
sobre
nosotros.

Tus Reflexiones Sobre el Capítulo 8:

Capítulo 9

No trates de ser comprendido, sino de comprender.

Cuando actuamos desde un profundo pozo de compasión, somos capaces de vivir y experimentar la alegría, la felicidad, el sufrimiento y las dificultades de los demás. La compasión comienza con una conexión que es genuina y de corazón a corazón. Como activistas, siempre estamos interactuando unos con otros y con aquellos que necesitan ayuda. La pregunta es si estamos "plenamente presentes" para los demás. Esto requiere que nos involucremos en una escucha profunda con el corazón. ¿Realmente nos escuchamos unos a otros, o hablamos sin entendernos? ¿Estamos escuchando con el corazón, o solo escuchamos lo que queremos creer para avanzar en nuestra posición o narrativa?

El trabajo por la justicia requiere que nos dediquemos diariamente a escuchar activamente y profundamente con el corazón, lo que luego nos permitirá hablar mediante la compasión o la palabra amorosa, especialmente en momentos de ira, frustración o miedo. Escuchar realmente sin juzgar es un regalo que podemos darnos unos a otros para mejorar nuestras vidas. Cuando realmente somos escuchados, y la otra persona entiende nuestro significado y emociones, nos sentimos valorados y respetados, una condición necesaria para la felicidad. Involucrarse en la escucha activa requiere práctica diaria. Siempre estamos propensos a ser juiciosos y a ver las situaciones desde un lugar de egocentrismo, donde nos ocultamos detrás de nuestro escudo de autoprotección. Escuchar activamente significa que estamos abrazando verdaderamente la humanidad de la persona que tenemos enfrente. Escuchar activamente no es formular una respuesta en nuestras mentes al mismo tiempo que alguien está expresando sus sentimientos. La escucha activa nos permite ver una situación desde diferentes ángulos y perspectivas. Es aceptar y abrazar completamente a la otra persona sin formular juicios.

No hay un regalo más precioso que escuchar profundamente las palabras y comprender el sentimiento de otro. Este proceso de escucha activa y habla amorosa nos permitirá ser conscientes y respetar la dignidad que hay dentro de cada uno de nosotros. Thich Nhat Hanh nos enseña: "El regalo más precioso que podemos ofrecer a los demás es nuestra presencia. Cuando nuestra atención plena abraza a aquellos que amamos, florecerán como flores."[65] A veces, estar plenamente presentes en una escucha profunda y un abrazo es todo lo que podemos hacer. Algunas situaciones nunca se "arreglarán," pero solo pueden ser fertilizadas, regadas y recibir la luz del sol de nuestra presencia atenta. Es cuando dejamos de lado todas nuestras preocupaciones egoístas y ofrecemos nuestra humanidad desnuda y vulnerable a otra persona. Es esta conexión profunda con otra persona la que forma el suelo sobre el cual tiene lugar el crecimiento y cambio positivo. Es esta conexión profunda la que trae los lazos profundos de solidaridad en el trabajo por la justicia.

La historia de San Francisco y el Lobo de Gubbio es una que ha sido contada y recontada a lo largo de los siglos. La variedad y amplitud de las recontadas y reinterpretaciones hablan de la universalidad y el atractivo de la historia. Un día, un gran lobo solitario comenzó a aparecer alrededor de la ciudad de Gubbio, aterrador por su tamaño físico y feroz con un hambre rabiosa. Este lobo no solo destruía a otros animales, sino que muchos de los ciudadanos creían que capturaba y devoraba a muchos de los niños. Este lobo mantenía a todos los ciudadanos en tal peligro y terror que cuando salían de la ciudad, iban armados y protegidos como si se dirigieran a una batalla mortal. El alcalde de la ciudad envió a buscar a Francisco, habiendo oído que Francisco tenía una manera especial de conectar y comunicarse con los animales. Cuando la noticia llegó a Francisco sobre este lobo, inmediatamente se dirigió a la ciudad de Gubbio.[66]

Tan pronto como Francisco entró en la ciudad, escuchó todo tipo de rumores sobre el lobo. Lo que Francisco oyó fue suficiente para enfurecer a la mayoría de las criaturas. Estaba contento de que el lobo no pudiera entender el lenguaje humano, porque recordó lo desolado y deprimido que se sintió cuando cambió su forma de vida y sus conciudadanos de Asís se burlaron y rieron de él. Inmediatamente sintió una solidaridad y conexión más profunda con este lobo que con los aterrorizados ciudadanos de Gubbio.[67]

Francisco comprendía la virtud de no juzgar. Entendía que en un conflicto, cada lado tiene una narrativa, cada lado ha cometido errores y ha sido dañado, y ambos lados desean la esperanza y la posibilidad de la paz. Por temor a su seguridad, los habitantes del pueblo suplicaron a Francisco que no saliera por la puerta para enfrentarse al lobo. Francisco sintió que debía adentrarse en el bosque para comunicarse de alguna manera con el lobo hambriento y desesperado.

Con los habitantes del pueblo detrás de él, Francisco caminó fuera de la puerta de la ciudad hacia el bosque. Llamó al lobo para que viniera y se encontrara en paz. El llamado de Francisco fue un llamado para comenzar el proceso de sanación en ese momento, para escuchar al otro y para querer entender por qué había un comportamiento tan agresivo y descarado. Francisco vio al lobo, que mostraba los dientes y gruñía. La multitud permaneció inmóvil y en silencio. Francisco miró fijamente al lobo. La ira brillaba en los ojos del lobo y movía sus mandíbulas. Francisco no se atrevió a moverse, pero dijo en una voz simple, baja y tranquila: "Hermano Lobo". El lobo se calmó en una aparente respuesta. Francisco sintió la soledad del lobo y su sufrimiento. Se dio cuenta de que el lobo estaba hambriento, y cuando buscaba comida entre los rebaños, se encontraba con pastores que intentaban proteger el rebaño. A partir de ahí, la tensión y la agresión aumentaron en ambos lados, con el miedo y el hambre dictando los siguientes pasos.[68]

Luego, Francisco habló con el lobo, refiriéndose a él como "Hermano Lobo." Le presentó un pacto de paz entre él y los habitantes del pueblo, en el cual el lobo acordó no hacerles más daño y, a cambio, ellos le darían comida todos los días mientras viviera, para que nunca volviera a sufrir de hambre. Entonces, todas las personas que estaban reunidas allí prometieron en voz alta alimentar al lobo regularmente. Francisco extendió su mano. El lobo parecía tranquilo, pero permaneció inmóvil, escaneando a la multitud con sus grandes ojos inyectados en sangre. Luego, lentamente, caminó hacia Francisco y levantó su pata hasta la mano cálida y firme de Francisco. Los dos permanecieron en esa posición durante mucho tiempo, y lo que Francisco le dijo al lobo, nunca se lo contó a nadie. Finalmente, Francisco se inclinó y rodeó con sus brazos el cuello del lobo.[69]

Desde ese día, el lobo y el pueblo mantuvieron el pacto que Francisco había hecho entre ellos. El lobo vivió dos años más y se dirigía de puerta en puerta en busca de comida. El pueblo lo acogió como a un ciudadano querido. No hizo daño a nadie, y nadie le hizo daño. La gente lo alimentaba con cortesía. Luego, el lobo envejeció y murió. Según la tradición, los habitantes de Gubbio le dieron un entierro honorable y más tarde construyeron la Iglesia de San Francisco de la Paz en el lugar. Durante una renovación de la iglesia en 1872, se encontró el esqueleto de un gran lobo, aparentemente de varios siglos de antigüedad, bajo una losa cerca de la pared de la iglesia y luego fue enterrado nuevamente en su interior.

Cuando enfrentamos nuestros miedos de esta manera, desarrollamos la capacidad de convertirnos en aliados en lugar de enemigos, como el lobo y los aldeanos. No es un chasquido mágico de dedos, sino una obra de amor, que puede arriesgarlo todo por el bien de los vulnerables. En el corazón de esta historia está la disposición y la capacidad de entrar, con humildad, en el corazón del conflicto para crear un lugar sagrado, hospitalario y sanador, donde la esperanza pueda crecer y echar raíces en la vida de todas las personas.

Abordar el conflicto de esta manera no violenta no significa que debamos detener el trabajo de desmantelar sistemas e instituciones opresivas que explotan, abusan y degradan a clases de personas. Como activistas, luchamos contra estos sistemas injustos todos los días. Pero al mismo tiempo, debemos ofrecer a quienes perpetúan estos sistemas la oportunidad de abandonar sus actos injustos y crueles, ya sea en negocios, posiciones políticas, organizaciones o entornos familiares. Podemos invitarlos a tratar a los demás con el respeto y la dignidad que pedirían para sí mismos. Incluso para aquellos que se niegan a cambiar, debemos tratarlos con amabilidad y compasión, mientras desafiamos rigurosamente su sistema injusto y la cultura que lo apoya.

Momento de meditación

Un Gran Carro
por Rumi[70]

Más allá de las ideas de mal y bien hacer,
hay un campo. Nos vemos allí.
Cuando el alma se acuesta en esa hierba,
El mundo está demasiado lleno para hablar
de ello.
Ideas, lenguaje, incluso la frase "unos a otros"
no tiene ningún sentido.
La brisa del amanecer tiene secretos que
contarte.
No vuelvas a dormir.
Debes pedir lo que realmente quieres.
No vuelvas a dormir.
La gente va y viene por el umbral de la puerta.
donde los dos mundos se tocan.
La puerta es redonda y esta abierta.
No vuelvas a dormir

Tus Reflexiones Sobre el Capítulo 9:

Capítulo 10

No trates de ser amado, sino de amar.

Francisco nos enseña la manera de vivir y de esforzarse por el amor incondicional. Nos enseña a tratar de encontrar este amor en nuestras interacciones y relaciones diarias. En su tiempo, Francisco eligió la compañía de los leprosos en las colonias de leprosos en las afueras de las ciudades para brindarles sanación y consuelo. Ya sea en la compañía de los sin hogar, los leprosos u otros marginados, Francisco eligió vivir entre ellos a diario. Francisco fue un duro y exigente revolucionario del espíritu humano. Eligió vivir no con las metáforas fáciles de la pobreza, sino abrazar profundamente a los pobres y sufrientes de su sociedad.

Francisco puso un énfasis implacable en la compasión genuina y su compañera necesaria, la humildad, como expresiones de su amor. Su vida (más que sus palabras) nos enseña lo que es vivir en servicio incondicional a los demás.

Como activistas, debemos esforzarnos por encontrar la humanidad y conectar con las personas involucradas en nuestras tareas o actividades diarias. Amarte a ti mismo es fundamental para poder amar a los demás. Debemos amarnos a nosotros mismos y aceptar quiénes somos como únicos y especiales en el trabajo por la justicia. Las expresiones compañeras del amor caminan juntas de la mano. Francisco veía el amor como una fuerza universal en cada uno de nosotros que forma el hilo que nos conecta a todos.

Para nuestro trabajo, debemos conectarnos con este amor universal hacia nosotros mismos. No podemos trabajar por la justicia y amar a los demás si no tenemos paz y amor en nuestros corazones. Con todos los ejemplos de la vida de Francisco, junto con sus sabias palabras, he llegado a aprender que la compasión no es fácil ni indolora; es la obra más exigente de la vida. Es una virtud esencial en el trabajo por la justicia.

Francisco creía que la compasión, si tiene algún significado, necesita traducirse en acción. El mejor ejemplo de cómo Francisco abrazó una vida de compasión y servicio fue su experiencia con los leprosos.

Durante la Edad Media, no había cura para la lepra. La práctica en esos días era aislar a los leprosos en sus propias colonias, que eran puestas en cuarentena por la sociedad. Se pensaba que este aislamiento ayudaría a prevenir la propagación de la enfermedad. Durante la mayor parte de la historia, las personas con lepra sufrían solas en estas colonias aisladas, excluidas por la sociedad.

Francisco creció con una fuerte aversión hacia los leprosos. Creció en lo que hoy equivaldría al 1% de la sociedad. Su padre era un rico comerciante que hizo una fortuna en la emergente economía mercantil que eventualmente reemplazaría a la economía basada en el feudalismo de la Edad Media. Se decía que el joven Francisco miraba las casas de los leprosos desde dos millas de distancia y se tapaba las fosas nasales con los dedos en señal de repugnancia.[71]

Un día, Francisco se encontró con un leproso en el camino mientras montaba a caballo. Sintió todo el malestar y la sensación de náuseas a medida que se acercaba al leproso. Sin embargo, en lugar de alejarse y eludir el encuentro, una extraña sensación interior hizo que Francisco permaneciera en el camino hacia el leproso. Se bajó del caballo, se acercó al leproso y le besó en la mejilla.[72] Poco después, Francisco se mudó a la colonia de leprosos y comenzó a cuidarlos y a lavar sus heridas.

Algo poderoso sucedió cuando Francisco se bajó de su caballo y besó al leproso. Salió de su zona de confort y se acercó con amor y compasión a una persona en una situación desconocida. Escuchó a su corazón y se conectó con el corazón del leproso en lugar de ceder a sus miedos y dudas. Este pequeño acto de compasión fue el comienzo de un viaje de vida para Francisco, arraigado en las enseñanzas del Evangelio, que inició un movimiento por la paz. Siempre que Francisco veía a una persona pobre, se acercaba con amor y compasión incondicional.

En su primer libro *Estrategia emergente: Shaping Change, Changing* Worlds, la facilitadora de justicia social, escritora, artista, sanadora y doula adrienne marie brown ofrece ideas e inspiración en innumerables momentos de tragedia y crisis. Estrategia *emergente* es un viaje lírico, exploratorio y no lineal del título del libro, un concepto que brown define como "cómo cambiamos intencionadamente de forma que aumente nuestra capacidad de encarnar los mundos justos y liberados que anhelamos".[73] brown nos desafía a saber que nuestra existencia -quiénes y cómo somos- es en sí misma una contribución a las personas y al lugar que nos rodean.

Al traernos plenamente a un espacio, estamos contribuyendo con nuestra presencia. No necesitamos hacer algo en particular para contribuir, pero traer nuestra presencia completa a un espacio creará una fuerte interconexión que puede llevar a una transformación colectiva. Nuestra calidad de vida y nuestra supervivencia están vinculadas a cuán auténticas y generosas son las conexiones entre nosotros y las personas y lugares en los que vivimos. Al practicar la generosidad y la vulnerabilidad, podemos hacer que estas conexiones entre nosotros y los demás sean claras, abiertas, disponibles y duraderas. La generosidad aquí significa dar lo que tenemos sin condiciones ni expectativas. La vulnerabilidad significa expresar lo que necesitamos en cualquier momento.[74]

Los seres humanos, especialmente aquellos que persisten en tratar de transformar las condiciones de vida de los demás, son notablemente resilientes. Experimentamos tantas pérdidas, dolor, dificultades y ataques, y sin embargo, persistimos. La resiliencia está en nuestra naturaleza. Una y otra vez, nos recuperamos de cosas que podrían justificar que nos rindamos. La resiliencia se revela cuando somos desencadenados por traumas, heridos, con el corazón roto, atacados, desafiados. Nuestra resiliencia general como activistas de justicia social en un mundo traumatizante y como colectivos de personas que moldean el futuro está incrustada en la justicia transformadora, transformando las condiciones que hacen posible la injusticia. La resiliencia es quizás nuestro rasgo más hermoso.[75]

Desde su perspectiva sobre la resiliencia, adrienne maree brown nos llama a adoptar la paz como la opción más estratégica para nuestra supervivencia a largo plazo. Ella aboga por una visión compartida de una paz intransigente donde, al encontrar los lugares de sanación y transformación, nos movamos hacia un mundo más allá de los enemigos. El proceso para este enfoque es lo que ella define como "justicia transformadora", una justicia que transforma las causas profundas de la injusticia a todos los niveles, pero especialmente en cómo se convierte en la orientación y práctica común de los movimientos por el cambio social y la liberación.[76]

Es a través de la compasión que somos capaces de vivir y experimentar la alegría, la felicidad, el dolor y las dificultades de los demás. La compasión comienza con una comunicación que es genuina y de corazón a corazón (no de mente a mente). Involucra hablar desde el corazón y escuchar activamente desde el corazón. Actuar con compasión como activista no significa adoptar una posición pasiva o aceptar la crueldad y la opresión creadas por sistemas e instituciones injustos. En nuestro trabajo para desmantelar las injusticias causadas por sistemas e instituciones opresivos, también tenemos que acercarnos e intentar ganarnos a aquellas personas seducidas por la riqueza y el poder perpetuados por ellos.

Thomas Merton (1915-1968), fue un monje trapense estadounidense, escritor, teólogo, místico, poeta, activista por la justicia social, líder interreligioso y estudioso de la religión comparada. Fue "un maestro espiritual" para millones de personas en todo el mundo. Merton fue un profundo archivero de todas sus experiencias vitales. Procesó todas sus lecturas y encuentros con los demás a través de numerosos libros, cartas y diarios. De todas sus obras, la que más me gusta es *Nuevas semillas de contemplación*,[77] uno de sus libros más leídos y queridos. Para mí, este libro ha alimentado mi conciencia de la presencia contemplativa en mi trabajo diario por la justicia.

Merton fue un pionero en reconocer el valor de la contemplación y la acción. Nos enseña que nuestras disciplinas espirituales internas están conectadas con nuestro servicio exterior en el mundo. Al realizar mi trabajo diario en contemplación, profundizo mi experiencia de servicio. Encuentro propósito y significado en cada tarea y actividad, y cómo se conectan con las vidas de los demás. Encuentro humanidad en cada tarea.

Merton nos dice que "cada momento y cada evento de la vida de cada persona en la tierra planta algo en su alma. Pues así como el viento lleva miles de semillas aladas, así cada momento trae consigo gérmenes de vitalidad espiritual que descansan imperceptiblemente en nuestras mentes y voluntades. La mayoría de estas innumerables semillas perecen y se pierden, porque no estamos preparados para recibirlas: ya que tales semillas no pueden brotar en ningún otro lugar excepto en el suelo de la libertad, la espontaneidad y el amor."[78]

Cuando Thomas Merton habla de la vida contemplativa, no se refiere a la vida institucional de clausura. Habla de una dimensión especial de disciplina y experiencia interior, de una cierta integridad y plenitud de desarrollo personal. Esta experiencia no está desconectada de nuestro trabajo y existencia diaria. Al contrario, la contemplación nos permite conectar con nuestra creatividad y capacidad de integrar el amor y la compasión en nuestro trabajo.

Todo ello va unido.

Para Thomas Merton, la verdadera soledad consiste en ser profundamente consciente de las necesidades del mundo. No es mantener el mundo a distancia. Nos lleva a la unidad con el mundo.[79] Merton nos enseña que, como activistas por la justicia social, debemos dedicar tiempo a la soledad para encontrar la dulzura que llevamos dentro. Entonces podremos integrarnos de nuevo en el trabajo con un amor y una compasión más profundos hacia los demás.[80]

Una cierta profundidad de la experiencia contemplativa, tal como la describe Merton, puede convertirse en una forma para que los activistas por la justicia social profundicen la solidaridad cuando participan en una actividad, protesta o movilización. A menudo, nuestro trabajo diario por la justicia puede tender a ser superficial y engañoso. Sin una comprensión humana más profunda derivada de un proceso como la experiencia contemplativa, podemos perder la esencia del amor y la compasión en nuestro trabajo. La oración, la meditación y la contemplación son herramientas que podemos aplicar diariamente para profundizar nuestra vida personal y expandir nuestra capacidad de servir a los demás con amor, compasión y comprensión.

Momento de meditación

La exquisita libertad del amor
por Maya Angelou[81]

Nosotros, desacostumbrados al valor
exiliados del deleite
vivimos enroscados en caparazones de
soledad
hasta que el amor abandone su alto templo
sagrado
y viene a nuestra vista
para liberarnos a la vida.

Llega el amor
y en su tren vienen los éxtasis
viejos recuerdos de placer
antiguas historias del dolor.
Sin embargo, si somos audaces,
el amor rompe las cadenas del miedo
de nuestras almas.

Nos destetamos de nuestra timidez
A la luz del amor
nos atrevemos a ser valientes
Y de repente vemos
que el amor cuesta todo lo que somos
y lo será siempre.
Sin embargo, es sólo amor
que nos libera.

Tus Reflexiones Sobre el Capítulo 10:

Capítulo 11

Porque es en dar, que recibimos.

En el trabajo por la justicia, debemos abordar el dar y recibir como uno y lo mismo. Cuando damos con la expectativa de recibir algo a cambio – elogios, reconocimiento, un favor o una petición – pasamos de nuestro ser amoroso genuino a nuestro ser centrado en el ego. El momento de alegría debe estar en el acto de dar, ya que la otra persona comparte una alegría al recibir. Deberían convertirse en uno solo. La persona que da y la persona que recibe comparten el mismo momento de alegría que los une a ambos. Ambos están recibiendo y dando en ese momento especial.

Siempre que reflexiono sobre este verso de la Oración por la Paz, me vienen a la mente Roberto Vargas y sus enseñanzas. Vargas es un activista espiritual, educador y consultor, reconocido a nivel nacional por sus habilidades excepcionales en proporcionar coaching de liderazgo y crear entornos interactivos. Vargas ayuda a grupos multiculturales a lograr altos niveles de creatividad y éxito. En su innovador libro, Family Activism: Empowering Your Community, Beginning with Family and Friends, Vargas nos introduce a PorVida Living, su enfoque espiritual para la construcción de comunidades en su trabajo por la justicia. PorVida es estar a favor de la vida, el amor, el respeto y la justicia. Es el enfoque diario para vivir, trabajar y guiar con la intención de ser una mejor persona y avanzar hacia una sociedad saludable y un mundo justo para todos.[82]

Reconectar con tu esencia *PorVida* profundiza tu comprensión del propósito de tu vida. Es la mejor manera de mantener el rumbo y la inspiración, reconectando con el espíritu, el propósito y el amor. Acceder a tu esencia *PorVida* nutre tu espíritu para que tu propósito de vida sea alegre y te conecte con tu poder.[83]

Este proceso será diferente para cada activista, pero Vargas nos anima a encontrar formas de conectar con el espíritu y luego desarrollar nuestras propias prácticas para alimentar la reconexión. La preparación activista para conectar con el espíritu a veces se denomina enraizamiento, porque estás fortaleciendo tu conexión con aquello que te nutre, como un árbol que hunde sus raíces más profundamente en la tierra para asegurar su sustento.[84]

Para Vargas, el dar y recibir de nuestra esencia *PorVida* implica el proceso de comunicación de co-empoderamiento.[85] Esto implica dar amor y apoyo a los demás y, al mismo tiempo, aceptar con humildad y gratitud la oportunidad de servir. Como activistas que desean un mundo mejor, nuestro poder es exponencialmente mayor cuando compartimos nuestra naturaleza *PorVida* con los demás y recibimos la suya a cambio. Nuestro papel como activistas es abrazar nuestra naturaleza *PorVida* y perseguir nuestro éxito, al tiempo que ayudamos a los demás a reconocer su bondad inherente y a desarrollar su potencial. La comunicación de co-poder consiste en tratar conscientemente de elevar la confianza y el poder de los demás para el bien mutuo que puede resultar de ello.[86] Este proceso de poder, de solidaridad y de construcción de relaciones, crea una comunidad fuerte al elevar la confianza y el poder de todos los que nos rodean, especialmente de nuestros seguidores y aliados potenciales.

Francisco tenía una profunda naturaleza *PorVida*. Para él, el dar y el recibir deben ser incondicionales. Es tan importante recibir como dar, y viceversa. Francisco nos enseña que siempre estamos en comunidad en el trabajo por la justicia. Esto es verdadero co-empoderamiento en acción. Nos damos unos a otros, pero también debemos recibirnos unos de otros. El dar y recibir se convierten en uno y lo mismo.

Momento de meditación

Bendición en el caos
por Jan Richardson[87]

A todo lo caótico
en ti,
que venga el silencio.
Que haya una
calma de los
clamores, que se
aquieten
las voces que te han
reclamado,
que han hecho su
morada en ti,
que van contigo
incluso a los
lugares santos
pero no
te dejan descansar,
no te dejan
escuchar tu vida
con plenitud
ni sentir la gracia
que te formó.
Que cese
 lo que os distrae.
Que cese
lo que te divide.
Que se acabe
lo que te disminuye

y degrada,
y que se vaya
todo lo que te mantiene
enjaulado.
Deja que se produzca
una apertura
hacia la tranquilidad
que encuentra debajo
del caos,
donde encuentras
la paz
que no creías
posible
y ves lo que brilla
dentro de la tormenta.

Tus Reflexiones Sobre el Capítulo 11:

Capítulo 12

Es en perdonar que somos perdonados.

Cuando perdonas a alguien, no estás olvidando o excusando el acto que te causó un daño o una injusticia. No estás perdonando ni condonando el acto. Tampoco estás abandonando la lucha para confrontar y desmantelar la injusticia causada por el acto. Perdonar es poderoso. Es un acto de valentía, en el que decides dejar de sentir ira o rencor hacia una persona. Es un acto de liberación, porque ya no estás atado por la ira que esa persona te causó. Es una liberación emocional.[88]

La ira y el rencor hacia una persona pueden conducir al odio personal, que destruirá tu mente, cuerpo y alma. El perdón te permite no revivir más el incidente y no volver a sentir la ira abrasadora.

Perdonar a alguien tampoco significa que tengas que volver a relacionarte con esa persona. Muchas veces no es aconsejable hacerlo. Perdonar significa simplemente que ya no guardas a esa persona en tus pensamientos negativos, llenos de ira y amargura. Es tu momento de sanar y hacer justicia contigo mismo.

Francisco, en su enfoque del perdón, puede enseñarnos mucho sobre la integración de esta importante virtud en nuestro trabajo por la justicia Un corazón que perdona es una parte importante del activismo. Un espíritu que no perdona bloquea el flujo de la gracia y la misericordia en nuestras vidas. Nos hace vivir en un estado estancado de arrepentimientos, animosidades y rencores. Francisco nos enseña que el perdón crea espacio en tu corazón para el amor y la misericordia, que son necesarios para traer la paz al mundo.

Desmond Tutu nos conecta con la tradición de sabiduría africana de Ubuntu. Es un término de la lengua Nguni Bantu que significa "humanidad". A menudo se traduce como "yo soy porque nosotros somos", o "humanidad hacia los demás", o en Xhosa, "umntu ngumntu ngabantu". Se utiliza a menudo en un sentido más filosófico para significar, "la creencia en un vínculo universal de compartir que conecta a toda la humanidad". Para Desmond Tutu, habla de la esencia misma de ser humano. Cuando queremos dar un gran elogio a alguien, decimos: "Yu, u nobunto" o "Oye, fulano tiene ubuntu".[89]

Desde la perspectiva de Ubuntu, una persona es una persona a través de otras personas. Una vez que nos hemos aceptado a nosotros mismos, nuestras vulnerabilidades y nuestra humanidad, podemos aceptar la humanidad de los demás. Podemos tener compasión por nuestros defectos y tener compasión por los de los demás. Podemos ser generosos y dar nuestra alegría a los demás. Según Desmond Tutu, "cuando sin pensarlo ayudas a alguien que está en peor situación, cuando eres amable con otra persona y haces esas cosas que elevan a los demás, terminas siendo feliz. La alegría es la recompensa, en realidad, de buscar dar alegría a los demás."[90]

Cuando muestras compasión, cuando muestras cariño, cuando muestras amor a los demás, haces cosas por los demás, de una manera maravillosa tienes una alegría profunda que no puedes conseguir de ninguna otra manera. Ubuntu es una forma de vida que reconoce que cada persona tiene un valor infinito. En otras palabras, nos necesitamos unos a otros para descubrir cada uno nuestra belleza y permitir que brille por lo que hacemos con nuestras vidas. Como enseña Desmond Tutu, "Una persona sólo es una persona en el contexto de otras personas: mi humanidad está atrapada, está inextricablemente ligada a la tuya".[91]

Nelson Mandela puede considerarse un verdadero ejemplo de Ubuntu, ya que utilizó este concepto para llevar a Sudáfrica a una sociedad pacífica tras el apartheid. Nunca tuvo la intención de vengarse y escarmentar a sus opresores. Por el contrario, actuó con compasión e integridad, mostrando a muchos en su país que, para una Sudáfrica mejor, no debían actuar por venganza o represalia, sino por paz.[92] "Con demasiada frecuencia pensamos en nosotros mismos como meros individuos, separados unos de otros, mientras que estamos conectados y lo que hacemos afecta a todo el mundo", afirmó Desmond Tutu. "Cuando lo haces bien, se expande; es para toda la humanidad".[93]

Esto es exactamente de lo que trata Ubuntu, es un recordatorio de que nadie es una isla: cada cosa que haces, buena o mala, tiene un efecto sobre tu familia, tus amigos y la sociedad. También nos recuerda que debemos pensar dos veces las decisiones que tomamos y el impacto que pueden tener en los demás.

Practicando Ubuntu en nuestra vida diaria, podemos aprender que el odio no es innato; que en el trabajo para eliminar la supremacía blanca y las instituciones de opresión, también debemos acercarnos e intentar transformar a las personas. Las lecciones de Ubuntu nos desafían a superar los estereotipos y las creencias erróneas que tenemos sobre los demás para que podamos conectar como aliados en la búsqueda de la justicia racial.[94] Ubuntu trata de la unión, así como de la lucha por el bien común. Es la creencia de que todo el mundo en la sociedad necesita desempeñar un papel, independientemente de lo pequeño que uno pueda pensar que es. Todos tenemos un papel que desempeñar, y es de vital importancia que nuestras acciones inspiren a otros a querer formar parte de un futuro mejor y más brillante. Esto es por lo que Mandela estaba dispuesto a sacrificar su vida.

Momento de meditación

El Pozo del Dolor
por David Whyte[95]

> Los que no descienden
> de la superficie inmóvil del pozo del dolor
>
> adentrándose en sus aguas oscuras
> hasta el lugar donde no podemos respirar
>
> no conocerán nunca la fuente de la que
> bebemos
> el agua secreta, fría y clara
>
> ni encontrarán brillando en la oscuridad
> las pequeñas monedas
> que arrojaron los que deseaban algo
> distinto.

Tus Reflexiones Sobre el Capítulo 12:

Capítulo 13

Y es en morir que nacemos a la vida eterna.

El trabajo de Francisco y el movimiento que creó durante su vida trajeron una nueva perspectiva al catolicismo: lograr el reino de los cielos aquí en la tierra. Hace ocho siglos, Francisco intentaba crear una sociedad análoga a la "Comunidad Amada" que el Dr. Martin Luther King Jr. vislumbró durante el Movimiento por los Derechos Civiles en la década de 1960. El concepto de la Comunidad Amada se originó a principios del siglo 20 por el filósofo-teólogo Josiah Royce, quien fundó la Fraternidad de la Reconciliación. Sin embargo, fue el Dr. King, también miembro de esa Fraternidad, quien popularizó el término y le dio un significado más profundo que ha capturado la imaginación de los activistas por la justicia social en todo el mundo.[96]

La Comunidad Amada del Dr. King es una visión global en la que todas las personas pueden compartir la riqueza de la tierra. En la Comunidad Amada, la pobreza, el hambre y la falta de vivienda no se tolerarán porque las normas internacionales de decencia humana no lo permitirán. El racismo y todas las formas de discriminación, intolerancia y prejuicio serán reemplazados por un espíritu de hermandad y fraternidad inclusiva.

En la Comunidad Amada, las disputas

internacionales se resolverán mediante la resolución pacífica de conflictos y la reconciliación de los adversarios, en lugar del poder militar. El amor y la confianza triunfarán sobre el miedo y el odio. La paz con justicia prevalecerá sobre la guerra y los conflictos militares.[97]

Francisco nos enseña a afrontar los conflictos y desacuerdos desde la compasión, la comprensión, la dulzura y el amor. No veía el mundo en términos de buenos contra malos o santos contra pecadores. Por el contrario, veía el mundo como un ser humano que merece amor y respeto. El enfoque de Francisco de la vida compasiva es una vida de no violencia e inculcar esta virtud a los demás.

En su sermón de 1963, *Loving Your Enemies*, publicado en su libro *Strength to Love*, el Dr. King abordó el papel del amor incondicional en la lucha por la Comunidad Amada: "Con cada gramo de nuestra energía debemos seguir librando a esta nación del íncubo de la segregación. Pero en el proceso no renunciaremos a nuestro privilegio y nuestra obligación de amar. Al tiempo que aborrecemos la segregación, amaremos al segregacionista. Sólo así crearemos la comunidad amada".[98]

Francisco murió y nació a la vida eterna cuando dejó su vida juvenil centrada en el ego y el placer, renunció a sus bienes materiales y se paró desnudo frente a sus padres en la plaza. Esta decisión fue el punto de inflexión en su vida para pasar de un estilo de vida centrado en el ego a uno arraigado en las enseñanzas del Evangelio sobre el amor, la comprensión y la compasión.

En nuestro trabajo por la paz y la justicia, nuestra capacidad para pasar de nuestro yo egocéntrico al amor y la compasión auténticos nos permite estar plenamente vivos en el momento presente mientras nos comprometemos en nuestro trabajo con la paz dentro del corazón. Morimos espiritualmente cuando actuamos desde nuestro yo egocéntrico y perdemos nuestra verdadera esencia de comunidad y solidaridad. Renacemos cada día cuando abrazamos y actuamos desde el amor, la compasión, la comprensión y la solidaridad radical.

Cuando nos alejamos de la parte de nosotros que nos separa de los demás – nuestros deseos individuales, nuestros intereses propios, las actitudes y emociones como la envidia y los celos que construyen muros a nuestro alrededor – y nos abrimos a la parte de nosotros que compartimos en común con los demás – nuestra compasión y comprensión, nuestra capacidad de servicio, nuestro cuidado por toda la creación – somos capaces de abrazar el mundo y convertirnos en uno con los corazones de aquellos con los que nos encontramos. Es un equilibrio raro y delicado, porque nunca podemos estar verdaderamente libres de nuestro propio sentido de yo. Pero podemos reconocer que si nos esforzamos por despojarnos de nuestro egocentrismo y sus demandas, entonces estamos verdaderamente abiertos al mundo y a las maravillas que contiene. Cuando escuchamos a alguien con el corazón, no para ofrecer consejos, sino para estar plenamente presentes a su alegría, temores y sueños, cuando damos desinteresadamente nuestro tiempo o energía para estar allí para alguien que lo necesita, estos son los momentos en que estamos abandonando nuestro yo centrado en el ego y despertando a nuestra comunidad amada. Porque vivimos en los corazones y las mentes de las personas con las que luchamos, peleamos batallas juntos, los levantamos y los ayudamos a seguir adelante. Mientras nos recuerden y encarnen nuestros ideales, vivimos a través de ellos.

El trabajo por la justicia nunca termina. Es un continuo. Francisco estaba arraigado en el liderazgo de servicio. Para él, dar un paso atrás y apartarse para que otros emergieran como líderes de su movimiento estaba en el núcleo de su rol de liderazgo. Francisco trabajaba diariamente no solo para estar al servicio de los demás, sino también para cultivar a la próxima generación para que asumiera su labor. Creamos la cosecha del futuro con las semillas que plantamos hoy. En nuestro trabajo diario por la justicia, creamos una huella en la humanidad que nos permite estar presentes en la lucha por la justicia mucho después de que dejemos esta vida. Dejamos atrás el trabajo por la justicia que continúa en aquellos que llevan la antorcha después de que nos vayamos. Si bien Francisco creía en una vida eterna en el cielo después de la muerte, también luchaba por crear un cielo en la tierra, una sociedad justa donde todos sean valorados y cuidados. Aquellos de nosotros que trabajamos por la justicia social podemos encontrar consuelo y alivio al saber que cada uno de nosotros está desempeñando su propio papel en la creación de esa sociedad justa, nuestro cielo en la tierra.

Momento de meditación

Un día de Verano
por Mary Oliver[99]

¿Quién creó el mundo?
¿Quién dio forma al cisne, al oso negro?
¿Quién hizo al saltamontes?
Me refiero a este saltamontes,
el que acaba de saltar en la hierba,
el que ahora come azúcar de mi mano,
el que mueve las fauces de atrás para
adelante y no de arriba abajo,
el que mira a su alrededor con enormes ojos
complicados.
Ahora levanta una de sus patas y se lava la
cara cuidadosamente.
Ahora de pronto abre sus alas y se va
flotando.
Yo no sé con certeza lo que es una oración.
Sin embargo sé prestar atención
y sé cómo caer sobre la hierba,
cómo arrodillarme en la hierba,
cómo ser bendita y perezosa,
cómo andar por el campo,
que es lo que llevo haciendo todo el día.
Dime, ¿qué más debería haber hecho?
¿No es verdad que todo al final se muere, y
tan pronto?
Dime, ¿qué planeas hacer con tu salvaje y
preciosa vida?

Tus Reflexiones Sobre el Capítulo 13:

Capítulo 14

Abordando el Cambio Climático en el Trabajo por la Justicia

La crisis del cambio climático ejerce un poderoso impacto sobre todos nosotros hoy en día. Las catástrofes inminentes a menudo se sienten abrumadoras por su profundidad y complejidad. Hemos sido testigos de la destrucción de hábitats y ecosistemas en todo el planeta.

El Papa Francisco ha sido una voz líder en la lucha contra la crisis climática. Antes de la redacción del Acuerdo de París sobre el Clima de la ONU en 2015, el Papa Francisco publicó *Laudato Si: Sobre el Cuidado de la Casa Común,* su encíclica sobre el cambio climático.[100] En *Laudato Si,* el Papa Francisco combina la lucha por el bienestar de la tierra con la justicia económica y un llamado a tratar a todos los seres humanos con dignidad y respeto. Muy en el espíritu de Francisco de Asís, nos muestra cuán inseparable es el vínculo entre la preocupación por la naturaleza, la justicia para los pobres, el compromiso con la sociedad y la paz interior.

Entre las enseñanzas principales de esta encíclica está cómo los pobres son desproporcionadamente afectados por el cambio climático. Nosotros, como seres humanos, debemos estar unidos por la preocupación por nuestro planeta y por cada ser viviente que habita en él, especialmente los más pobres y vulnerables. Con los países ricos dañando a los países pobres, la encíclica hace un llamado a un "nivel más equilibrado de producción, una mejor distribución de la riqueza, preocupación por el medio ambiente y los derechos de las generaciones futuras."[101]

En el fondo, este documento, dirigido a "cada persona del planeta" es una llamada a una nueva forma de ver las cosas, una "audaz revolución cultural."[102] Hoy enfrentamos una crisis urgente cuando, gracias a nuestras acciones, la tierra ha comenzado a parecerse cada vez más, en el vívido lenguaje del Papa Francisco, a "un inmenso montón de basura."[103] Aun así, el documento es esperanzador. Nos recuerda que porque Dios está con nosotros, o para algunos, porque nuestra fe en que podemos hacer un mundo mejor para todos está en nosotros, podemos esforzarnos tanto individual como colectivamente para cambiar el rumbo. Podemos despertar nuestros corazones y avanzar hacia una "conversión ecológica" en la que veamos la íntima conexión entre la dimensión espiritual o lo sublime y todos los seres, en la que escuchemos más fácilmente el "grito de la tierra y el grito de los pobres".[104]

El Cántico de las criaturas de Francisco de Asís es un poema que creó durante sus últimos días, cuando estaba gravemente enfermo y ciego. Este poema fue su expresión desde lo más profundo de su interior. Es una extensión de la profundidad de la humanidad de Francisco al resto de la creación y a los elementos naturales. A través de este poema, Francisco expresa su interconexión y servicio a toda la creación y la naturaleza. A través de él, Francisco abraza y promueve la dignidad y el respeto por todas las criaturas, las plantas, los elementos naturales, el cielo y la tierra. Expresa su profunda solidaridad con todas las criaturas, árboles, plantas y entornos naturales como hermanas y hermanos. A continuación figura la parte del poema que describe cómo Francisco se deleita en el amor por el Hermano Sol, la Hermana Luna y las Estrellas, el Hermano Viento y el Aire, la Hermana Agua, el Hermano Fuego y la Madre Tierra:

Alabado sea mi Señor Dios con todas tus criaturas,
especialmente nuestro Hermano Sol,
que nos trae el día y que nos trae la luz.
Es hermoso y brilla con gran esplendor:
¡Oh Señor, él te significa para nosotros!

Alabado seas, mi Señor, por la hermana Luna y las Estrellas,
Los pusiste en los cielos, haciéndolos tan brillante, luminoso y fino.

Alabado sea mi Señor por nuestro hermano el Viento,
y por el aire y las nubes, las calmas y todos los climas
mediante los cuales sostienes la vida en todas las criaturas.

Alabado sea mi Señor por nuestra Hermana Agua,
que es muy útil y humilde
y precioso y limpio.

Alabado sea mi Señor por el hermano Fuego,

a través del cual nos das luz en la oscuridad;
y es brillante y agradable y muy poderoso
y fuerte.

Alabado sea mi Señor, por nuestra madre
Tierra,
que nos sostiene y nos guarda,
y produce muchos frutos y flores
de muchos colores, y hierba.[105]

En su poderoso y pequeño libro, *El mundo que tenemos: Un enfoque budista de la paz y la ecología*, Thich Nhat Hanh habla sobre cómo podemos abrazar el concepto de la "impermanencia" y su práctica para comprender nuestra interconexión con nuestro cuerpo, nosotros mismos y todo en la tierra. Describe cómo estamos destruyendo la tierra y a nosotros mismos al no cuidar de nuestra tierra, sus criaturas y sus recursos que nos sustentan. Se refiere al calentamiento global como un síntoma temprano que nos conduce a la muerte de nuestro planeta.[106]

La impermanencia implica una conciencia de todas las cosas en transformación sin fin. Cuando somos capaces de mirar profundamente una flor, una hoja o un ser vivo, podemos ver el cambio que se produce a cada instante. Cuando observamos profundamente el cambio cíclico y vemos que es una parte necesaria de la vida, no sufrimos tanto cuando se produce. Observamos profundamente la impermanencia de nuestro propio cuerpo, la impermanencia de las cosas que nos rodean, la naturaleza impermanente de las personas que amamos y la naturaleza impermanente de quienes nos hacen sufrir.[107]

La impermanencia también significa

interdependencia. Una flor siempre está recibiendo elementos no florales, como agua, aire y sol, y siempre está devolviendo algo al entorno. Una flor es una corriente de cambio, y una persona también es una corriente de cambio. A cada instante, hay una entrada y una salida. Una flor siempre está naciendo y siempre está muriendo, siempre está conectada con el entorno que la rodea. Los componentes del universo dependen de otros para existir.[108] Cuando luchamos contra la naturaleza de la impermanencia, sufrimos. Podemos dejar que nuestros miedos, ira y desesperación nos abrumen. Por eso es muy importante que nos ocupemos de nuestro miedo y nuestra desesperación antes de abordar la cuestión del calentamiento global y otros problemas medioambientales. Primero tenemos que sanarnos a nosotros mismos antes de poder sanar el planeta.[109] Necesitamos un cambio de paradigma en la forma de integrar la crisis climática en nuestro trabajo por la justicia. Respiramos el mismo aire, bebemos la misma agua, experimentamos la luz del mismo sol. Todos estamos interconectados a través de la Madre Tierra.

San Francisco sentía un profundo afecto por toda la creación. Sentía una gran alegría al contemplar el poder, la sabiduría y la bondad del Creador en todas las criaturas. Con esta alegría miraba las estrellas y contemplaba la luna, recogía gusanitos en el camino para evitar que los pisotearan y sentía un amor especial por las flores.[110]

Por supuesto, está la famosa historia de Francisco predicando a los pájaros, que se ha convertido en un símbolo mundial icónico y estatuto en muchos de nuestros jardines. Francisco se dirigió a todos ellos como hermanas y hermanos. Francisco nos mostró la interconexión con toda la naturaleza.[111]

Francisco nos enseña a abrir los ojos y el corazón no sólo a los demás, sino a toda la creación. El bienestar de nuestra tierra y de la biodiversidad es un componente importante de la lucha por la justicia en el mundo. Francisco nos ayuda a ver que una ecología integral exige una apertura a categorías que trascienden el lenguaje de las matemáticas y la biología, y nos lleva al corazón de lo que significa ser humano. Así como sucede cuando nos enamoramos de alguien, siempre que miraba el sol, la luna o el más pequeño de los animales, estallaba en cánticos, invitando a todas las demás criaturas a unirse a su alabanza.

La cualidad que ha conectado a San Francisco con muchos de nosotros a lo largo de los siglos es su inquebrantable amor por la naturaleza y todas las criaturas. Vio nuestra conexión y apreciación por toda la creación como algo fundamental para una vida de alegría en la tierra. Francisco veía su profunda y amorosa presencia con la creación como el cielo en la tierra, y estamos llamados a ser pacificadores para llevar justicia y paz al mundo, para sanar a la Madre Tierra, incluso mientras encontramos sanación en nuestro amor mutuo. Y por nosotros mismos.

Momento de meditación

Punto Azul Pálido: Una Visión del Futuro Humano en el Espacio
por Carl Sagan

Esta imagen de 2013 de la nave espacial Cassini de la NASA muestra a la Tierra como una mancha, y recuerda el mensaje de Carl Sagan de 1990 sobre el Pálido Punto Azul que es de obligada lectura hoy que vivimos con tantas crisis y tanta incertidumbre:

"Mira otra vez ese punto. Eso es aquí. Ese es nuestro hogar. Eso somos nosotros. En él viven todos los que amas, todos los que conoces, todos de los que has oído hablar, todos los seres humanos que alguna vez existieron. El conjunto de nuestras alegrías y sufrimientos, miles de religiones, ideologías y doctrinas económicas seguras de sí mismas, cada cazador y recolector, cada héroe y cobarde, cada creador y destructor de la civilización, cada rey y campesino, cada joven pareja de enamorados, cada madre y padre, niño esperanzado, inventor y explorador, cada profesor de moral, cada político corrupto, cada "superestrella", cada "líder supremo", cada santo y pecador de la historia de nuestra especie vivieron allí, en una mota de polvo suspendida en un rayo de sol.

La Tierra es un escenario muy pequeño en una vasta arena cósmica. Piensa en las interminables crueldades infligidas por los habitantes de un rincón de este píxel a los apenas distinguibles habitantes de algún otro rincón, en lo frecuentes que son sus malentendidos, en lo ansiosos que están de matarse unos a otros, en lo fervientes que son sus odios. Piensa en los ríos de sangre derramados por todos esos generales y emperadores para, en la gloria y el triunfo, convertirse en amos momentáneos de una fracción de punto.

Nuestra arrogancia, nuestra imaginada auto importancia, la ilusión de que tenemos una posición privilegiada en el Universo, son desafiadas por este punto de luz pálida. Nuestro planeta es una mota solitaria en la gran oscuridad cósmica envolvente. En nuestra oscuridad, en toda esta vastedad, no hay indicios de que llegará ayuda desde otro lugar para salvarnos de nosotros mismos.

La Tierra es el único mundo conocido hasta ahora que alberga vida. No hay otro lugar, al menos en el futuro cercano, al que nuestra especie pueda migrar. Visitar, sí. Asentarse, aún no. Nos guste o no, por el momento, la Tierra es donde tomamos nuestra posición.

Se ha dicho que la astronomía es una experiencia que humildemente nos forma el carácter. Quizás no haya mejor demostración de la insensatez de las pretensiones humanas que esta imagen distante de nuestro pequeño mundo. Para mí, subraya nuestra responsabilidad de tratarnos con más amabilidad unos a otros, y de preservar y cuidar el punto azul pálido, el único hogar que hemos conocido."[112]

Tus Reflexiones Sobre el Capítulo 14:

Reflexiones Finales

Espero que hayas disfrutado de este libro y de nuestro viaje juntos a través de él. Que sigas adelante con tu camino espiritual para que pueda crecer y convertirse en una parte inherente de tu vida como activista por la justicia. La forma de hacer la paz de Francisco es expresar el amor en acción en el trabajo por la justicia. El amor es fluido en este trabajo. Nuestra existencia depende de él. Necesitamos ser conscientes del amor en todo momento, especialmente en los momentos de caos y crisis. Es fácil olvidar que estamos interconectados y perder nuestro rumbo. No logramos ver más allá de las idiosincrasias.

Más allá de ti y de mí, el amor aparece. El amor nos "re-une" como uno solo. El amor es interminable, no es finito, nunca puedes dar o recibir más de lo suficiente. No tiene límites. En el trabajo por la justicia, nuestro amor mutuo es la forma más profunda de solidaridad. Nos vuelve a unir, nos reconoce y nos nutre.

Cuando amas por el acto de amar en sí, la paz llenará tu corazón, y lo mismo sucederá con la otra persona. El amor es dar y recibir.

Francisco encontró el amor en el momento presente. Vio cada momento como un camino para profundizar sus cinco sentidos y estar plenamente presente en el amor. Para Francisco, el amor estaba en su cuerpo y en lo que lo rodeaba en el momento presente. Siempre podía contar con que el amor estaría allí para ser tomado. Como activistas por la justicia social, si somos capaces de dar y recibir amor, seremos amor en acción y seremos amados. La justicia es llevar amor a los demás. El amor es hacer justicia en el mundo.

Finalmente, te dejo con un extracto de una enseñanza del gran pensador judío, el Rabino Tarfon, tal como lo tradujo el Rabino Rami Shapiro.[113] Siempre comparto este fragmento con mis alumnos de UCLA durante mi último día de clase con ellos:

> No estás obligado a completar el trabajo,
> pero tampoco eres libre de abandonarlo.
>
> No se deje intimidar
> por la enormidad del dolor del mundo.
> Actúa con justicia, ahora.
> Ama la misericordia, ahora.
> Camina humildemente, ahora.

Epílogo
Ken Wong

Víctor Narro ha sido un buen amigo y colega en el Centro Laboral de UCLA durante casi veinte años. Su innovador trabajo de infundir espiritualidad y autocompasión dentro de los movimientos laborales y de justicia social ha tenido un impacto profundo. Victor nos ha enseñado que los activistas debemos cuidarnos a nosotros mismos. No podemos separar nuestras vidas políticas de nuestras vidas personales y debemos promover el autocuidado reflexivo para evitar el agotamiento que puede llevarnos a abandonar el movimiento.

El trabajo de un activista es física y emocionalmente exigente. Sin embargo, es una vocación que puede brindar gran alegría y satisfacción. A menudo, se llama a Victor para asistir a sindicatos, centros de trabajadores y organizaciones comunitarias para fortalecer su trabajo a través de la espiritualidad y la autocompasión. También ha impartido cursos en UCLA que ayudan a preparar a nuestros estudiantes para una vida de activismo.

El 11 de diciembre de 2021, el Centro Laboral de UCLA dedicó nuestro edificio en Los Ángeles en honor al Rev. James Lawson Jr. Es apropiado que este sea el mismo edificio donde Victor ha trabajado durante las últimas dos décadas. El Rev. Lawson trabajó de cerca con el Dr. Martin Luther King Jr. en la campaña de sentadas de Nashville y en la huelga de los trabajadores de saneamiento de Memphis, y ha tenido un impacto histórico al infundir la filosofía de la no violencia en la experiencia de los EE. UU.

Recientemente publicamos un nuevo libro con el Rev. Lawson titulado *Revolutionary Nonviolence: Organizing for Freedom* (UC Press, 2021). El nuevo libro de Victor, *El Espíritu Activista*, se alinea bien con las enseñanzas del Rev. Lawson sobre la no violencia. Aquí hay una cita del Rev. Lawson en *Revolutionary Nonviolence*: "¿A dónde vamos desde aquí? Creo que la tierra más importante que tú y yo debemos cultivar es sembrar las semillas para los movimientos del siglo 21 que reclamen la democracia para los Estados Unidos, que reclamen la justicia, la igualdad, la libertad para todos en los Estados Unidos. Creo que debemos sembrar las semillas para quitarle el gobierno de las manos a la oligarquía y al ejército, y devolverlo a las manos de la verdad y de la comunidad amada. Ese debe ser nuestro objetivo en el siglo 21, y creo que es un objetivo que podemos alcanzar si en todo el país la gente común se involucra."

Esperamos que estos dos libros importantes inspiren a generaciones futuras a unirse a nuestro movimiento por la paz y la liberación humana.

Kent Wong es Director de Proyectos de Asociaciones Laborales y Comunitarias y exdirector del Centro Laboral de UCLA. Ha sido un buen amigo y colega de Victor Narro durante las últimas dos décadas.

Acerca del Autor

Victor Narro, un experto de renombre nacional en derechos de los inmigrantes y trabajadores de bajos salarios, ha estado involucrado en temas de derechos de los inmigrantes y laborales durante más de 35 años. Actualmente, Victor es Director de Proyectos del Centro Laboral de UCLA y miembro del cuerpo docente principal del Programa de Estudios Laborales de UCLA y del Programa de Derecho de Interés Público de la Facultad de Derecho de UCLA. Victor es coautor de Broken Laws Unprotected Workers: Violations of Employment and Labor Laws in America's Cities (2008); y Mike Garcia and The Justice for Janitors Movement (Centro de Investigación y Educación Laboral de UCLA, 2020). Es coeditor de Working for Justice: The L.A. Model of Organizing and Advocacy (Cornell University Press, 2010) y No One Size Fits All: Worker Organization Policy and Movement in a New Economic Age (Cornell University Press, 2018). Victor ha publicado un libro infantil titulado Jimmy's Carwash Adventure (Hard Ball Press, 2016). Además de su trabajo en el Centro Laboral de UCLA, Victor es Capellán del Movimiento a través de la Faith Matters Network y Facilitador de SoulCollage®. Victor está felizmente casado con Laureen Lazarovici, una activista laboral y periodista de larga trayectoria

Acerca del traducir

 Steve Li, inmigrante peruano-chino fluido en español, cantonés y mandarín, es un líder en la defensa de los derechos de los inmigrantes y los derechos humanos. Coautor de Dreams Deported: Immigrant Youth and Families Resist Deportation (UCLA Center for Labor Research and Education, 2015), comparte su experiencia de detención por ICE, resaltando los desafíos de las comunidades inmigrantes. Ha liderado iniciativas como la campaña #Health4All para el acceso a la atención médica de personas indocumentadas. Su labor ha sido reconocida con el Certificado de Honor de la Junta de Supervisores de San Francisco (2019) y el Premio Bill Sorro al Activista Comunitario de Asian Law Caucus (2011).

Notas Finales

1   Leonardo Boff, *Francis of Assisi* (New York: Orbis Books, 1982).

2   Ibid., 106.

3   Jon M. Sweeney, *Lord, Make Me and Instrument of Your Peace: The Complete Prayers of St. Francis, St. Clare & other early Franciscans* (Brewster, MA: Paraclete Press, 2020).

4   Ibid., 259.

5   Mario T. Garica, *The Gospel of César Chávez: My Faith in Action* (Lanham MD: Sheed & Ward, 2007), 8-9.

6   Ibid.

7   Jon M. Sweeney, *The St. Francis Holy Fool Prayer Book* (Brewster, MA: Paraclete Press, 2017), 31.

8   Martha Postlethwaite, "Clearing" in *Mindfulness Association*, accessed October 19, 2021, https://www.mindfulnessassociation.net/words-of-wonder/clearing-martha-postlethwaite/

9   Paul Moses, *The Saint and The Sultan: The Crusades, Islam, and Francis of Assisi's Mission of Peace* (New York: Doubleday, 2009).

10   Ibid., 126-47.

11   Neringa Antanaityte, *Mind Matters: How To Effortlessly Have More Positive Thoughts*, TLEX Institute, accessed August 2021, https://tlexinstitute.com/how-to-effortlessly-have-more-positive-thoughts/

12   Jelaluddin Rumi, "The Guest House" in *Rumi: Selected Poems*, translated by Coleman Barks with John Moynce, A.J. Arberry, Reynold Nicholson (New York: Penguin Books, 2004), 109.

13   John Kirvan, *Peace of Heart: Francis of Assisi* (Notre Dame, IN: Ave Maria Press, 2009), 23-4.

14   Emily Shapiro, *Charleston Victim's Mother Tells Dylann Roof 'I Forgive You' as He's Sentenced to Death*, ABC News, January 11, 2017.

15   The Dalai Lama, Desmond Tutu and Douglas Abrams, *The Book of Joy: Lasting Happiness in a Changing World* (New York: Avery, 2016).

16   Ibid., 53.

17   Ibid., 229-39

18   Gina Sharpe, *The Power of Forgiveness*, Tricycle The Buddhist Review, Spring 2013, https://tricycle.org/magazine/power-forgiveness/

19   The Dalai Lama, Desmond Tutu and Douglas Abrams, 104-7.

20   Desmond Tutu and Mpho Tutu, "Prayer Before the Prayer." *The Book of Forgiving: The Fourfold Path for Healing Ourselves and Our World* (New York: Harper Collins, 2014), 6-7.

21   Br. David Steindl-Rast, *Gratefulness, the Heart of Prayer: An Approach to Life in Fullness* (Mahwah, NJ: Paulist Press, 1984).

22   Ibid., 23-5. See Also Br. David Steindl-Rast, *Want to be happy? Be grateful*, TEDGlobal, June 2013, https://www.ted.com/talks/david_steindl_rast_want_to_be_happy_be_grateful?language=en

23   Br. David Steindl-Rast, *Faith in Life, A Network for Grateful Living,* accessed March 2021, https://gratefulness.org/area-of-interest/faith-in-life/

24   Ibid.

25   Br. David Steindl-Rast, *Gratefulness, the Heart of Prayer: An Approach to Life in Fullness*, 103-5.

26   Br. David Steindl-Rast, *Engaging Hope: Revolutionizing the Revolution. Engaging Hope with Br. David Steindl-Rast,* Spirituality & Practice, 2011, https://www.spiritualityandpractice.com/ecourses/features/view/24173/engaging-hope-with-br-david-steindl-rast

27   Ibid.

28   Ibid.

29   Ibid.

30   See *Theodore Parker And The 'Moral Universe'*, All Things Considered – NPR, September 2, 2010, https://www.npr.org/templates/story/story.php?storyId=129609461

31   Br. David Steindl-Rast, *Gratefulness, the Heart of Prayer: An Approach to Life in Fullness*, 121-2.

32   Br. David Steindl-Rast, *Common Sense Spirituality* (New York: The Crossroad Publishing Company, 2008), 180-2.

33   Mary Oliver, "The Journey" in *Dream Work* (New York: Atlantic Monthly Press, 1986), 38.

34   Krista Tippet, *Becoming Wise: An Inquiry into the Mystery and Art of Living* (New York: Penguin Books, 2016).

35   Ibid., 233.

36   Ibid., 265-7.

37   Ibid., 233-8.

38   Thich Nhat Hanh, *Plum Village Chanting and Recitation Book* (Berkeley: Parallax Press, 2000), 68.

39   Thich Nhat Hanh, *Living Buddha, Living Christ* (New York: Riverhead Books, 2007), 83.

40   Jon M. Sweeney, *The St. Francis Holy Fool Prayer Book*, 41.

41   Jon. M. Sweeney, *Lord, Make Me and Instrument of Your Peace*, 38.

42   Danna Faulds, "Allow" in *Go In and In: Poems from the Heart of Yoga* (Peaceable Kingdom Books, 2002).

43   Ruby Sales, Digital Interview in The History-Makers, accessed March 2021, https://www.thehistory-makers.org/biography/ruby-nell-sales-39

44   Ruby Sales, *The SpiritHouse Project*, accessed March 15, 2021, http://www.spirithouseproject.org/about-spirithouse.php

45   Ibid.

46   Krista Tippet, *Ruby Sales Where Does It Hurt?*, On Being with Krista Tippett, accessed March 10, 2021, https://onbeing.org/programs/ruby-sales-where-does-it-hurt/

47   Ibid.

48   Ibid.

49   Robert H. Hopcke and Paul A. Schwarz, *The Little Flowers of Francis of Assisi: A New Translation* (Boston: New Seeds, 2006), 81.

50   Ibid., 84.

51   India.Arie, "I Am Light." Track 1 on SongVersation: Medicine. (BMG Rights Management (US) LLC, 2017), CD. See Also, India. Arie, "I Am Light." Genius, accessed October 19, 2021, https://genius.com/Indiaarie-i-am-light-lyrics

52   John Kirvan, 91.

53   The Dalai Lama, Desmond Tutu and Douglas Abrams, 273-5.

54   Ibid., 270.

55   Thich Nhat Hanh, *Five Practices for Nurturing Happiness*, Lion's Roar, June 8, 2021, https://www.lionsroar.com/5-practices-for-nurturing-happiness/

56   Pema Chödrön, *How to Practice Tonglen*, Lion's Roar, June 8, 2021, https://www.lionsroar.com/how-to-practice-tonglen/

57   Ibid.

58   Pema Chödrön, *The Places That Scare You: A Guide to Fearlessness in Difficult Times* (New York: Shambhala Classics - Penguin Random House, 2005), 50.

59   Audre Lorde, "Coping" in *The Black Unicorn: Poems* (New York: W.W. Norton & Company, 1995), 45.

60   "Dorothy Day: 20th c. journalist and social activist who co-founded the Catholic Worker Movement." *A Vision of Justice*. Accessed March 1, 2021. https://faithandliberty.org/visions/dorothy-day

61   Ibid.

62   Ibid.

63   Leonardo Boff, 85.

64   Meister Eckhart, "The Hope of Loving" in *Love Poems from God: Twelve Sacred Voices from the East and West*, edited by Daniel Ladinsky (New York: Penguin Compass, 2002), 109.

65   Thich Nhat Hahn, *Living Buddha, Living Christ*, 20.

66   Murray Bodo, *Francis: The Journey and the Dream* (Cincinnati: St. Anthony Messenger Press, 2011), 77.

67   Ibid., 78.

68   Ibid.

69   Ibid., 81.

70   Jelaluddin Rumi, "A Great Wagon" in *Rumi: Selected Poems*, translated by Coleman Barks with John Moynce, A.J. Arberry, Reynold Nicholson (New York: Penguin Books, 2004), 35.

71   Murray Bodo, 16. See also André Vauchez, *Francis of Assisi: The Life and Afterlife of a Medieval Saint* (New Haven: Yale University Press, 2012), 22-5; Kirvan, *Peace of Heart: Francis of Assisi*, 26-7.

72   Ibid.

73   adrienne maree brown, *Emergent Strategy: Shaping Change, Changing Worlds* (Chico, CA: AK Press, 2017), 24.

74   Ibid., 142-3.

75   Ibid., 126.

76   Ibid., 132-33.

77   Thomas Merton, *New Seeds of Contemplation* (New York: New Directions Books, 2007).

78   Ibid., 14.

79   Jon M. Sweeney, *Thomas Merton: An Introduction to His Life, Teachings, and Practices* (New York: St. Martin's Essentials, 2021), 75.

80   Ibid., 32-3.

81   Maya Angelou, *Love's Exquisite Freedom* (New York: Welcome Books, 2011)

82   Roberto Vargas, *Family Activism: Empowering Your Community, Beginning with Family and Friends* (San Francisco: Berrett-Koehler Publishers, 2008)

83   Ibid., 76.

84   Ibid., 78.

85   Ibid., 107.

86   Ibid., 114-15.

87   Jan Richardson, "Blessing in the Chaos" in *The Cure for Sorrow: A Book of Blessings for Times of Grief* (Orlando, FL: Wanton Gospeller Press, 2016).

88   The Dalai Lama, Desmond Tutu and Douglas Abrams, 234-5.

89   Ibid., 60.

90   Ibid., 270-1.

91   Michael Battle, *The Wisdom of Desmond Tutu* (Oxford, England: Lion Publishing, 1998), 35.

92   Hlumelo Siphe Williams, *What Is the Spirit of Ubuntu? How Can We Have It in Our Lives?* https://www.globalcitizen.org/en/content/ubuntu-south-africa-together-nelson-mandela/ (2018). See Also, The Dalai Lama, Desmond Tutu and Douglas Abrams, *The Book of Joy*, 43-5.

93   ClintonFoundation, *The Spirit of Ubuntu.* https://stories.clintonfoundation.org/the-spirit-of-ubuntu-6f3814ab8596 (2012). See Also, The Dalai Lama, Desmond Tutu and Douglas Abrams, *The Book of Joy*, 273-5.

94   Mark Mathabane, *The Lessons of Ubuntu: How an African Philosophy Can Inspire Racial Healing in America*, (New York: Skyhorse Publishing, 2018).

95   David Whyte, "The Well of Grief" in *River Flow: New & Selected Poems* (Langley, WA: Many Rivers Press, 2012).

96   The King Center, *The Beloved Community*, https://thekingcenter.org/about-tkc/the-king-philosophy/

97   Ibid.

98   Dr. Martin Luther King, Jr., *A Gift of Love: Sermons from Strength to Love and Other Preachings* (Boston: Beacon Press, 2012), 53.

99   Mary Oliver, "The Summer Day" in *House of Light* (Boston: Beacon Press, 1990), 60.

100   Pope Francis, *Laudato Si: On Care of Our Common Home* (Huntington, IN: Our Sunday Visitor, 2015).

101   Ibid., 37.

102   Ibid., 8, 78.

103   Ibid., 19.

104   Ibid., 34-5.

105   Jon. M. Sweeney, *Lord, Make Me and Instrument of Your Peace*, 170-1.

106   Thich Nhat Hanh, *The World We Have: A Buddhist Approach to Peace and Ecology* (Berkeley: Parallax Press, 2008).

107   Ibid., 44-45.

108   Ibid., 46.

109   Ibid., 47-8

110   John Kirvan, 50.

111   Ibid., 41-2.

112   Carl Sagan, *Pale Blue Dot: A Vision of the Human Future in Space* (New York: Penguin Random House, 1994).

113   Pirkei Avot, 2:16, as translated and interpreted by Rabbi Rami Shapiro in *Wisdom of the Jewish Sages: A Modern Reading of Pirke Avot* (New York City: Bell Tower, 1995).